Italienske

Køkkenhemmeligheder 2023

En autentisk italiensk kogebog fyldt med smagsoplevelser

Kristiane Larsson

INDHOLDSFORTEGNELSE

Creme brulee 9

Kopper mascarpone og kaffe 12

Kastanje "bjerg" 14

Chokolade budding 17

Chocolate Chip Risengrød 19

Kaffe karamelcreme 21

Chokoladecreme karamel 24

Amaretti karamelcreme 27

Simpel sirup til granita 30

Citron granita 31

Vandmelon frossen 33

mandarin granita 35

Jordbær vin granita 37

Kaffe granita 39

Citrus og campari granita 41

Hvid fersken og prosecco granita 43

chokoladesorbet 45

Prosecco citron granita 47

Pink Prosecco Granita 49

Flødeis" 51

Citronis 53

ricotta is 54

mascarpone is 56

kanel is 57

espresso is 59

Nødde- og karamelis 61

Honningis med Nougat 64

Amaretti Gelato 66

Is "druknet" 68

Is med balsamicoeddike 69

Frosne trøfler 70

Kopper mandelcreme 73

orange skum 76

mandel semifreddo 78

Florentinsk frossen kuppel kage 81

Mascarponesauce med honning 84

Frisk Frisk Sauce 85

Varm rød frugtsauce 86

Hindbærsauce hele året 87

varm chokolade sauce 89

kattens tunge 90

Semolina Cookies 93

Vin Santo ringe 96

Marsala kiks 98

sesamvin cookies 100

sesam cookies 102

aniskager 105

bagte løg 108

Løg med balsamicoeddike 110

Rødløg Confit 112

Brændt rødbede- og løgsalat 114

Perleløg med honning og appelsin 116

Ærter med løg 118

Ærter med prosciutto og grønt løg 119

Søde ærter med salat og mynte 121

Påske Ærtesalat 122

ristede peberfrugter 124

Brændt pebersalat 126

Brændt peberfrugt med løg og krydderurter 127

Bagt peberfrugt med tomat 129

Peberfrugt med balsamicoeddike 131

syltede peberfrugter 133

Peberfrugt med mandler 135

Peberfrugt med tomat og løg 137

Fyldte peberfrugter 139

Fyldte peberfrugter i napolitansk stil 141

Fyldte peberfrugter, Ada Boni Style 144

Stegt peberfrugt 146

Sauterede peberfrugter med zucchini og mynte 148

Brændt peber og aubergine terrine 150

søde og sure kartofler 152

Kartofler med balsamicoeddike 154

Tunspyd med appelsin 156

Grillet tun og peber, Molise Style 158

Grillet tun med citron og oregano 160

Sprøde grillede tunbøffer 162

Grillet tun med rucola pesto 164

Tun og Cannellini bønnegryderet 166

siciliansk sværdfisk med løg 168

venetianske kartofler 170

"Sauterede" kartofler 172

Sauterede kartofler og peberfrugt 174

Kartoffelmos med persille og hvidløg 176

Nye kartofler med krydderurter og bacon 178

Kartofler med tomat og løg 180

Brændte kartofler med hvidløg og rosmarin 182

Brændte kartofler med svampe 184

Kartofler og blomkål, Basilicata Style 186

Kartofler og kål i gryden 188

Kartoffel- og spinattærte 190

Napolitanske kartoffelkroketter 193

Fars napolitanske kartoffeltærte 196

stegte tomater 199

dampede tomater 201

bagte tomater 202

Farro fyldte tomater 204

romerske fyldte tomater 206

Ristede tomater med balsamicoeddike 208

zucchini carpaccio 210

Creme brulee

bruciata creme

Giver 4 portioner

På restauranten Il Matriciano i Rom bages crème brûléen i store bradepander. Vanillecremebunden er tyk og rig med æggeblommer og fløde, og karameltoppen er hård, let og sprød som karamel. Dette er min fortolkning af hans version.

2 kopper tung fløde

3 skefulde sukker

4 store æggeblommer

1 tsk ren vaniljeekstrakt

Tilføjelse

1 1/2 kop sukker

3 spiseskefulde vand

1. Sæt en rist i midten af ovnen. Forvarm ovnen til 300 ° F. Hav et 4-kopps lavt bradefad og et afkølingsstativ klar.

2. I en mellemstor gryde kombineres fløde og sukker. Bring det i kog ved middel varme under omrøring for at opløse sukkeret.

3. Pisk æggeblommer og vanilje i en stor skål. Pisk konstant, hæld den varme fløde i. Hæld blandingen i bageformen.

4. Læg bradepanden i et større bradefad. Sæt gryden i ovnen. Hæld forsigtigt varmt vand i den større gryde, indtil det når en dybde på 1 tomme op ad siden af bageformen. Bages i 45 til 50 minutter, indtil de er sat, men stadig lidt bløde i midten. Overfør bageformen til rist til afkøling i 30 minutter. Dæk til og stil på køl.

5. Op til 12 timer før servering kombineres sukker og vand i en lille, tung gryde. Kog over medium varme, omrør lejlighedsvis, indtil sukkeret er helt opløst, cirka 3 minutter. Når blandingen begynder at koge, stop med at røre og kog indtil siruppen begynder at brune rundt om kanterne. Rør derefter forsigtigt panden over varmen, indtil siruppen har en jævn gyldenbrun farve, cirka 2 minutter mere.

6. Brug et køkkenrulle til at tørre overfladen af den kolde flødeblanding i bageformen. Hæld forsigtigt den varme sirup ovenpå. Stil retten tilbage i køleskabet i 10 minutter, indtil karamellen er fast.

7. Til servering brydes karamellen med kanten af en ske. Hæld fløden og karamellen på serveringsfade.

Kopper mascarpone og kaffe

Kop Mascarpone al Caffè

Giver 6 portioner

Selvom mascarpone typisk laves i Lombardiet, bruges den ofte i venetianske desserter. Denne blander kaffe og aromaer i mascarpone og fløde, med hakket chokolade for at give den tekstur. Det ligner tiramisu, som også er fra Veneto, selvom det ikke indeholder småkager.

Du behøver ikke noget smart udstyr for at lave espresso til denne dessert eller nogen af de andre i denne bog. Du kan bruge en normal dryp kaffemaskine eller endda en instant espresso.

1/3 kop varm, stærk espresso

1/4 kop sukker

1/4 kop brandy eller rom

4 ounce (1/2 kop) mascarpone ved stuetemperatur

1 kop tung eller flødeskum

1/2 kop hakket halvsød chokolade (ca. 2 ounces)

1. Mindst 20 minutter før du er klar til at lave desserten, skal du stille en mellemstor skål og piskere fra en elmixer i køleskabet. Kombiner espresso og sukker. Rør indtil sukkeret er opløst. Tilsæt cognacen. Lad afkøle ved stuetemperatur.

2. I en stor skål blandes mascarpone og kaffe, indtil det er glat. Tag skål og piskeris ud af køleskabet. Hæld fløden i skålen og pisk fløden ved høj hastighed, indtil den forsigtigt holder formen, når piskerisene hæves, cirka 4 minutter.

3. Brug en fleksibel spatel til forsigtigt at folde cremen i mascarponeblandingen. Reserver 2 spiseskefulde chokolade til at pynte og tilsæt resten af chokoladen til mascarponen.

4. Hæld blandingen i seks glas. Drys med den reserverede chokolade. Dæk til og afkøl 1 time op til natten over.

Kastanje "bjerg"

montering hvid

Giver 6 portioner

Dette bjerg af kastanjepuré, flødeskum og chokoladespåner er opkaldt efter Mont Blanc, Monte Bianco på italiensk, en af alperne, der adskiller Frankrig og Italien i Aosta-dalen.

Friske kastanjer i deres skaller koges, skrælles derefter og smages til med rom og chokolade for at lave denne festlige dessert. Du kan undgå koge- og skrælningstrinene ved at erstatte vakuumpakkede kogte kastanjer, hele eller i stykker, som sælges i krukker eller dåser. Du kan forberede det meste af opskriften flere timer før servering.

1 pund friske kastanjer, eller erstat 1 pund vakuumpakkede usødede kogte kastanjer

1 tsk salt

2 kopper sødmælk

1 1/2 kop sukker

3 ounce bittersød chokolade, smeltet

2 spsk mørk eller lys rom eller brandy

1 kop tung eller flødeskum

1/2 tsk ren vaniljeekstrakt

Revet bittersød chokolade til pynt

1. Hvis du bruger friske kastanjer, skal du placere nødderne med den flade side nedad på et skærebræt. Brug en lille, skarp kniv til at lave et snit i skallen uden at skære igennem til kastanjen. Kom kastanjerne i en gryde med koldt vand, indtil de er dækket af to centimeter og salt. Bring i kog og kog indtil de er møre, når de er gennemboret med en kniv, cirka 15 minutter. Lad køle lidt af i vandet. Fjern kastanjerne fra vandet en ad gangen og skræl dem, mens de stadig er varme, og fjern både den ydre skal og det indre skind.

2. Læg de afskallede kastanjer, eller de vakuumpakkede kastanjer, i en mellemstor gryde. Tilsæt mælk og sukker og bring det i kog. Dæk til og kog under omrøring af og til, indtil kastanjerne er møre, men stadig holder deres form, cirka 10 minutter for vakuumpakkede eller 20 minutter for friskpillede.

3. Kom kastanjerne og kogevæsken i en foodprocessor sammen med rommen. Behandl indtil glat, cirka 3 minutter. Tilsæt den smeltede chokolade. Lad afkøle ved stuetemperatur.

4. Hæld blandingen i en madkværn udstyret med et blad med stort hul eller i en kartoffelsaftpresser. Hold møllen over en serveringsplade, rul kastanjeblandingen over bladet, så du danner en kegle eller "bjerg"-form. (Kan laves op til 3 timer frem. Dæk med plastfolie og opbevar ved kølig stuetemperatur.)

5. Stil mindst 20 minutter før servering en stor skål og piskere fra en elmixer i køleskabet. Tag skål og piskeris ud af køleskabet. Hæld fløden i skålen og pisk fløden ved høj hastighed, indtil den forsigtigt holder formen, når piskerisene hæves, cirka 4 minutter.

6. Hæld cremen over "bjerget" af kastanjer, og lad det forsigtigt falde fra toppen som sne. Pynt med revet chokolade.

Chokolade budding

Cioccolato creme

Giver 8 portioner

Kakao, chokolade og tung fløde gør denne dessert rig, cremet og smagfuld. Server den i små portioner med flødeskum og revet chokolade.

²/3 kop sukker

¹1/4 kop majsstivelse

3 spsk usødet kakaopulver

¹1/4 tsk salt

2 kopper sødmælk

1 kop tung fløde

4 ounce bittersød eller halvsød chokolade, hakket, plus mere til pynt (valgfrit)

1. I en stor skål sigtes 1/3 kop sukker, majsstivelse, kakao og salt sammen. Tilsæt 1/4 kop mælk, indtil det er glat og godt blandet.

2. I en stor gryde kombineres den resterende 1/3 kop sukker, 13/4 kop mælk og fløde. Kog over medium varme under jævnlig omrøring, indtil sukkeret er opløst, og blandingen koger, ca. 3 minutter.

3. Pisk kakaoblandingen i den varme mælkeblanding med et piskeris. Kog under omrøring, indtil blandingen koger op. Reducer varmen til lav og kog indtil den er tyknet og glat, 1 minut mere.

4. Hæld grydens indhold i en stor skål. Tilsæt chokoladen og rør til den er smeltet og glat. Dæk godt til med et stykke plastfolie, og sæt folien tæt på overfladen af buddingen for at forhindre, at der dannes et skind. Stil den på køl, indtil den er kold, 3 timer til natten over.

5. Til servering hældes buddingen i dessertskåle. Pynt med lidt hakket chokolade, hvis det ønskes, og server.

Chocolate Chip Risengrød

Budino di Riso al Cioccolato

Giver 6 portioner

Jeg spiste denne cremede risengrød i Bologna, hvor kager og buddinger lavet med ris er meget populære. Det var først, da jeg prøvede det, at jeg opdagede, at det, der så ud til at være rosiner, faktisk var små bidder af bittersød chokolade. Flødeskum letter denne fyldige budding, lavet med mellemkornet italiensk ris. Server den alene eller sammen medHindbærsauce hele åretentenvarm chokolade sauce.

6 kopper sødmælk

³1/4 kop mellemkornet ris, såsom Arborio, Carnaroli eller Vialone Nano

¹1/2 tsk salt

³1/4 kop sukker

2 spsk mørk rom eller cognac

1 tsk ren vaniljeekstrakt

1 kop tung eller flødeskum

3 ounce bittersød chokolade, hakket

1. I en stor gryde kombineres mælk, ris og salt. Bring mælken til at simre og kog under jævnlig omrøring, indtil risene er meget møre og mælken er absorberet, cirka 35 minutter.

2. Overfør de kogte ris til en stor skål. Tilsæt sukkeret og lad det køle af til stuetemperatur. Tilsæt rom og vanilje.

3. Mindst 20 minutter før du er klar til at lave desserten, skal du stille en stor skål og piskere fra en elmixer i køleskabet.

4. Tag skålen og piskerisene ud af køleskabet, når de er afkølet. Hæld fløden i skålen og pisk fløden ved høj hastighed, indtil den forsigtigt holder formen, når piskerisene hæves, cirka 4 minutter.

5. Brug en fleksibel spatel til at folde flødeskum og hakket chokolade i risblandingen. Server med det samme eller dæk til og stil i køleskabet.

Kaffe karamelcreme

Caffebrød

Giver 6 portioner

Denne gamle toscanske opskrift har konsistensen af en karamelcreme, men indeholder hverken mælk eller fløde. Vanillecremen er rig, mørk og tæt, dog ikke så tung, som hvis den var lavet med creme. Det italienske navn viser, at det på et tidspunkt blev bagt i form af et brød som et brød, rude på italiensk.

2 kopper varm, stærk espresso

1 1/2 dl sukker

2 spsk vand

5 store æg

1 spsk rom eller cognac

1. Sæt en rist i midten af ovnen. Forvarm ovnen til 350 ° F. Forbered 6 varmefaste vanillecremekopper.

2. I en stor skål piskes espressoen med 3/4 kop sukker, indtil sukkeret er opløst. Lad stå indtil kaffen har stuetemperatur, cirka 30 minutter.

3. I en lille tyk gryde kombineres den resterende 3/4 kop sukker og vand. Kog over medium varme, omrør lejlighedsvis, indtil sukkeret er helt opløst, cirka 3 minutter. Når blandingen begynder at koge, stop med at røre og kog indtil siruppen begynder at brune rundt om kanterne. Rør derefter forsigtigt panden over varmen, indtil siruppen har en jævn gyldenbrun farve, cirka 2 minutter mere. Beskyt din hånd med en ovnhandske, og hæld straks den varme karamel i vanillecremekopperne.

4. Pisk æggene i en stor skål, indtil de er blandet. Tilsæt kold kaffe og rom. Hæld blandingen gennem en finmasket si i en skål, og tilsæt den derefter til vanillecremekopperne.

5. Placer kopperne i et stort ovnfast fad. Placer gryden i midten af ovnen, og hæld derefter varmt vand i gryden til en dybde på 1 tomme. Bages i 30 minutter, eller indtil kniven indsat 1/2 tomme fra midten af cremen kommer ren ud. Overfør krus fra stegepande til rist for at køle af. Dæk til og afkøl i mindst 3 timer eller natten over.

6. For at servere skal du køre en lille kniv gennem indersiden af hver cremekop. Invester i serveringsfader og server med det samme.

Chokoladecreme karamel

Creme Caramel al Cioccolato

Giver 6 portioner

Crème caramel er en silkeblød bagt vanillecreme. Jeg kan godt lide denne version, med en chokoladesmag, som jeg havde i Rom.

Slik

3 1/4 kop sukker

2 spsk vand

Fløde

2 kopper sødmælk

4 ounce bittersød eller halvsød chokolade, hakket

3 1/4 kop sukker

4 store æg

2 store æggeblommer

1. Sæt en rist i midten af ovnen. Forvarm ovnen til 350 ° F. Forbered 6 varmefaste vanillecremekopper.

2. Tilbered karamellen: Bland sukker og vand i en lille tyk gryde. Kog over medium varme, omrør lejlighedsvis, indtil sukkeret er helt opløst, cirka 3 minutter. Når blandingen begynder at koge, stop med at røre og kog indtil siruppen begynder at brune rundt om kanterne. Rør derefter forsigtigt panden over varmen, indtil siruppen har en jævn gyldenbrun farve, cirka 2 minutter mere. Beskyt din hånd med en ovnhandske, og hæld straks den varme karamel i vanillecremekopperne.

3. Tilbered cremen: I en lille gryde varmes mælken op ved svag varme, indtil der dannes små bobler rundt om kanterne. Fjern fra ilden. Tilsæt chokoladen og den resterende 3/4 dl sukker og lad stå til chokoladen er smeltet. Rør indtil det er blandet.

4. Pisk æg og blommer i en stor skål, indtil de er blandet. Tilsæt chokolademælken. Hæld blandingen gennem en finmasket si i en skål, og tilsæt den derefter til vanillecremekopperne.

5. Placer kopperne i et stort ovnfast fad. Sæt i midten af ovnen. Hæld forsigtigt varmt vand i gryden til en dybde på 1 tomme. Bag 20 til 25 minutter, eller indtil en kniv, der er indsat 1/2 tomme fra midten af cremen, kommer ren ud. Overfør krus fra stegepande til rist for at køle af. Dæk til og afkøl i mindst 3 timer eller natten over.

6. For at servere skal du køre en lille kniv gennem indersiden af hver cremekop. Invester i serveringsfader og server med det samme.

Amaretti karamelcreme

knogle

Giver 8 portioner

Vanillecreme er normalt glatte, men denne piemontesiske version er behageligt kornet, fordi den er lavet med knuste amaretti-kiks. Det er ofte bagt i en skål, og navnet kommer fra et dialektord for kronen på en hat. Jeg foretrækker at bage den i en lagdelt kageform (ikke en springform), fordi den er nemmere at skære og servere på den måde.

Slik

²/3 kop sukker

¹1/4 kop vand

Custard

3 kopper sødmælk

4 store æg

1 kop sukker

1 kop hollandsk-forarbejdet usødet kakaopulver

¾ kop fint knuste importerede italienske amaretti cookies (ca. 12)

2 spsk mørk rom

1 tsk ren vaniljeekstrakt

1. Tilbered karamellen: Bland sukker og vand i en lille tyk gryde. Kog over medium varme, omrør lejlighedsvis, indtil sukkeret er helt opløst, cirka 3 minutter. Når blandingen begynder at koge, stop med at røre og kog indtil siruppen begynder at brune rundt om kanterne. Rør derefter forsigtigt panden over varmen, indtil siruppen har en jævn gyldenbrun farve, cirka 2 minutter mere. Beskyt din hånd med en ovnhandske, og hæld straks karamellen i en 8- eller 9-tommers lagkageform. Vip panden for at dække bunden og en del af siderne med karamel.

2. Sæt en rist i midten af ovnen. Forvarm ovnen til 325 ° F. Placer en bradepande stor nok til at holde tærteformen i midten af ovnen.

3. Tilbered cremen: Varm mælken op ved svag varme i en stor gryde, indtil der dannes små bobler rundt om kanten.

4. Pisk i mellemtiden æggene med sukkeret i en stor skål, indtil de lige er blandet. Tilsæt kakao, kagekrummer, rom og vanilje. Tilsæt gradvist den varme mælk.

5. Hæld vanillecremeblandingen gennem en finmasket si i den forberedte gryde. Stil gryden i midten af bradepanden. Hæld forsigtigt meget varmt vand i bradepanden til en dybde på 1 tomme.

6. Bages i 1 time og 10 minutter, eller indtil toppen er sat, men midten stadig er lidt krøllet. (Beskyt din hånd med en ovnhandske, ryst gryden forsigtigt.) Hav et kølestativ klar. Overfør stegepanden til en rist til afkøling i 15 minutter. Dæk til og stil på køl i 3 timer op til natten over.

7. Kør en lille kniv rundt om den indvendige kant af gryden for at fjerne formen. Vend cremen ud på en tallerken. Skær i skiver til servering med det samme.

Simpel sirup til granita

Giver 1 1/4 kop

Hvis du vil lave granitas når som helst, skal du fordoble eller tredoble denne opskrift og opbevare den i en forseglet krukke i køleskabet i op til to uger.

1 kop koldt vand

1 kop sukker

1. I en lille gryde kombineres vandet og sukkeret. Bring i kog over middel varme og kog under omrøring af og til, indtil sukkeret er opløst, cirka 3 minutter.

2. Lad siruppen køle lidt af. Hæld i en beholder, dæk til og stil på køl, indtil den skal bruges.

Citron granita

Citron granita

Giver 6 portioner

Den ultimative sommeropfriskning: Server som den er med en citronskive og en kvist mynte, eller rør den i sommercocktails. Citrongranitaen er også en god affogato, der betyder "druknet", med en klat grappa eller limoncello, Capris lækre citronlikør.

1 kop vand

2/3 kop sukker

21/2 dl isterninger

1 tsk citronskal

1 1/2 kop friskpresset citronsaft

1. I en lille gryde kombineres vandet og sukkeret. Bring i kog over middel varme og kog under omrøring af og til, indtil sukkeret er opløst, cirka 3 minutter. Lad afkøle lidt. Læg isterningerne i en stor skål og hæld siruppen over isterningerne. Rør indtil isen smelter. Stil den på køl til den er kold, cirka 1 time.

2. Afkøl en 13 × 9 × 2-tommer metalpande i fryseren. I en mellemstor skål kombineres sukkersirup, citronskal og citronsaft. Tag gryden ud af fryseren, og hæld derefter blandingen i den. Frys i 30 minutter eller indtil en 1-tommers kant af iskrystaller dannes rundt om kanterne.

3. Rør iskrystallerne ind i midten af blandingen. Sæt gryden tilbage i fryseren og fortsæt med at fryse under omrøring hvert 30. minut, indtil al væske er frosset, ca. 2 til 21/2 time. Server med det samme eller skrab blandingen i en plastikbeholder, dæk til og opbevar den i fryseren i op til 24 timer.

4. Tag evt. ud af fryseren for at blive blød ca. 15 minutter før servering.

Vandmelon frossen

Granita di Cocomero

Giver 6 portioner

Smagen af denne granita er så koncentreret og friskheden så forfriskende, at den endda kan være bedre end frisk vandmelon. Det er en favorit på Sicilien, hvor somrene kan være ekstremt varme.

1 kop vand

1/2 kop sukker

4 kopper vandmelonstykker, frøet

2 spsk frisk citronsaft eller efter smag

1. Bland vandet med sukkeret i en lille gryde. Bring det i kog over middel varme, og kog derefter under omrøring af og til, indtil sukkeret er opløst, cirka 3 minutter. Lad den køle lidt af, og stil den derefter på køl, indtil den er kold, cirka 1 time.

2. Afkøl en 13 × 9 × 2-tommer metalpande i fryseren. Kom vandmelonstykkerne i en blender eller foodprocessor og blend, til det er glat. Hæld gennem en finmasket si i en skål for at fjerne eventuelle frøstumper. Du skal have omkring 2 kopper juice.

3. I en stor skål blandes saften og siruppen. Tilsæt citronsaft efter smag.

4. Tag gryden ud af fryseren, og hæld derefter blandingen i den. Frys i 30 minutter eller indtil en 1-tommers kant af iskrystaller dannes rundt om kanterne. Rør iskrystallerne ind i midten af blandingen. Sæt gryden tilbage i fryseren og fortsæt med at fryse under omrøring hvert 30. minut, indtil al væske er frosset, ca. 2 til 2 1/2 time. Server med det samme eller skrab blandingen i en plastikbeholder, dæk til og opbevar den i fryseren i op til 24 timer.

5. Tag evt. ud af fryseren for at blive blød ca. 15 minutter før servering.

mandarin granita

Mandarin granit

Giver 4 portioner

Syditalien bugner af alle slags citrusfrugter. Jeg havde denne granita i Taranto i Puglia. På denne måde kan du tilberede mandarin-, tangelo-, clementin- eller mandarinjuice.

Bliv ikke fristet til at tilføje mere spiritus til denne blanding, ellers kan alkoholen forhindre den i at fryse.

1 kold kopsimpel sirup

1 kop frisk mandarinjuice (fra ca. 4 mellemstore mandariner)

1 tsk friskrevet mandarinskal

2 spsk mandarin eller appelsinlikør

1. Tilbered den simple sirup, hvis det er nødvendigt, og afkøl den. Placer derefter en 13 × 9 × 2-tommer metalpande i fryseren.

2. I en stor skål piskes saft, skal, sirup og likør sammen, indtil det er godt blandet. Tag den kolde gryde ud af fryseren og hæld væsken i gryden.

3. Sæt panden i fryseren i 30 minutter, eller indtil en kant af 1-tommers iskrystaller dannes rundt om kanterne. Rør iskrystallerne ind i midten af blandingen. Sæt gryden tilbage i fryseren og fortsæt med at fryse under omrøring hvert 30. minut, indtil al væske er frosset, ca. 2 til 21/2 time. Server med det samme eller skrab blandingen i en plastikbeholder, dæk til og opbevar den i fryseren i op til 24 timer.

4. Tag evt. ud af fryseren for at blive blød ca. 15 minutter før servering.

Jordbær vin granita

Granita di Fragola al Vino

Gør 6 til 8 portioner

Med friske modne jordbær er dette lækkert, men selv almindelige jordbær smager fantastisk i denne slushy.

2 pints jordbær, skyllet og skrællet

1 1/2 kop sukker eller efter smag

1 kop tør hvidvin

2 til 3 spsk frisk citronsaft

1. Placer en 13 × 9 × 2-tommer stegepande i fryseren for at afkøle. Skær jordbærrene i halve eller, hvis de er store, i kvarte. Kombiner jordbær, sukker og vin i en stor gryde. Bring det i kog og kog i 5 minutter, under omrøring af og til, indtil sukkeret er opløst. Fjern fra varmen og lad afkøle. Stil den på køl til den er kold, mindst 1 time.

2. Hæld blandingen i en foodprocessor eller blender. Purér indtil glat. Tilsæt citronsaft efter smag.

3.Tag den kolde gryde ud af fryseren og hæld blandingen i gryden. Sæt panden i fryseren i 30 minutter, eller indtil en kant af 1-tommers iskrystaller dannes rundt om kanterne. Rør iskrystallerne ind i midten af blandingen. Sæt gryden tilbage i fryseren og fortsæt med at fryse under omrøring hvert 30. minut, indtil al væske er frosset, ca. 2 til 21/2 time. Server med det samme eller skrab blandingen i en plastikbeholder, dæk til og opbevar den i fryseren i op til 24 timer.

4.Tag evt. ud af fryseren for at blive blød ca. 15 minutter før servering.

Kaffe granita

Granita di Caffe

Giver 8 portioner

Caffè Tazza d'Oro nær Pantheon i Rom laver noget af byens bedste kaffe. Om sommeren skifter både turister og indfødte til deres granita di caffè, espresso-is, serveret med eller uden en klat friskpisket fløde. Den er nem at lave og forfriskende efter et sommermåltid.

4 kopper vand

5 dybede teskefulde instant espressopulver

2 til 4 spiseskefulde sukker

Flødeskum (valgfrit)

1. Placer en 13 × 9 × 2-tommer stegepande i fryseren for at afkøle. Bring vandet i kog. Fjern fra ilden. Tilsæt instant espressopulver og sukker efter smag. Lad afkøle lidt, og dæk derefter. Stil den på køl til den er kold, cirka 1 time.

2. Tag den kolde pande ud af fryseren og hæld kaffen i panden. Frys indtil en kant af 1-tommers iskrystaller dannes rundt om

kanterne. Rør iskrystallerne ind i midten af blandingen. Sæt gryden tilbage i fryseren og fortsæt med at fryse under omrøring hvert 30. minut, indtil al væske er frosset, ca. 2 til 21/2 time.

3.Server straks, toppet med cremen, hvis du bruger, eller skrab blandingen i en plastikbeholder, dæk til og opbevar i fryseren i op til 24 timer.

4.Tag evt. ud af fryseren for at blive blød ca. 15 minutter før servering.

Citrus og campari granita

Granita di Agrumi e Campari

Giver 6 portioner

Campari, en lys rød aperitif, drikkes typisk over is eller blandes med sodavand før et måltid. Til denne granita er den kombineret med citrusjuice. Camparien har en behagelig bitter kant, der er meget forfriskende, og granitaen har en smuk pink farve.

1 kop vand

1/2 kop sukker

2 kopper friskpresset grapefrugtjuice

1 kop friskpresset appelsinjuice

1 tsk appelsinskal

¾ kop Campari

1. Placer en 13 × 9 × 2-tommer stegepande i fryseren for at afkøle i mindst 15 minutter. Bland vand og sukker i en lille gryde. Bring det til kogepunktet ved middel varme, og kog derefter under omrøring af og til, indtil sukkeret er opløst. Rør grundigt. Fjern fra varmen og lad afkøle. Afkøl siruppen.

2. Bland kold sirup, juice, Campari og appelsinskal.

3. Tag den kolde gryde ud af fryseren og hæld blandingen i gryden. Sæt panden i fryseren i 30 minutter, eller indtil en kant af 1-tommers iskrystaller dannes rundt om kanterne. Rør iskrystallerne ind i midten af blandingen. Sæt gryden tilbage i fryseren og fortsæt med at fryse under omrøring hvert 30. minut, indtil al væske er frosset, ca. 2 til 2 1/2 time. Server med det samme eller skrab blandingen i en plastikbeholder, dæk til og opbevar den i fryseren i op til 24 timer.

4. Tag evt. ud af fryseren for at blive blød ca. 15 minutter før servering.

Hvid fersken og prosecco granita

Granita di Pesche og Prosecco

Giver 6 portioner

Denne granita er inspireret af Bellini, en lækker cocktail gjort berømt af Harry's Bar i Venedig. En Bellini er lavet med saften af hvide ferskner og prosecco, en mousserende hvidvin fra Veneto-regionen.

Strøsukker blandes lettere end perlesukker, men hvis du ikke kan finde det, så brug lidt simpel sirup bevise.

5 mellemmodne hvide ferskner, skrællet og skåret i stykker

1 1/2 kop superfint sukker

2 spsk frisk citronsaft eller efter smag

1 kop prosecco eller anden tør mousserende hvidvin

1. Placer en 13 × 9 × 2-tommer stegepande i fryseren for at afkøle i mindst 15 minutter. I en blender eller foodprocessor kombineres ferskner, strøsukker og citronsaft. Blend eller bearbejd indtil sukkeret er helt opløst. Tilsæt vinen.

2. Tag den kolde gryde ud af fryseren og hæld blandingen i gryden. Sæt panden i fryseren i 30 minutter, eller indtil en kant af 1-tommers iskrystaller dannes rundt om kanterne. Rør iskrystallerne ind i midten af blandingen. Sæt gryden tilbage i fryseren og fortsæt med at fryse under omrøring hvert 30. minut, indtil al væske er frosset, ca. 2 til 21/2 time. Server med det samme eller skrab blandingen i en plastikbeholder, dæk til og opbevar den i fryseren i op til 24 timer.

3. Tag evt. ud af fryseren for at blive blød ca. 15 minutter før servering.

chokoladesorbet

Cioccolato Sorbetto

Giver 6 portioner

En sorbet er en frossen dessert med glat tekstur, der indeholder mælk eller æggehvide for at give den cremet. Dette er min version af sorbeten, jeg havde på Caffè Florian, en historisk kaffebar og tesalon på Venedigs Piazza San Marco.

1 1/2 kop sukker

3 ounce bittersød chokolade, smuldret

1 kop vand

1 kop sødmælk

1. I en lille gryde kombineres alle ingredienserne. Bring det i kog ved middel varme. Kog under konstant omrøring med et piskeris, indtil det er blandet og glat, cirka 5 minutter.

2. Hæld blandingen i en mellemstor skål. Dæk til og stil på køl indtil afkølet.

3. Følg producentens anvisninger i din isfryser, eller frys i lavvandede forme, indtil de er faste, men ikke hårde, cirka 2 timer. Skrab blandingen i en røreskål og pisk til en jævn masse. Pak i en plastikbeholder, dæk til og opbevar i fryseren. Server inden for 24 timer.

Prosecco citron granita

sgroppino

Giver 4 portioner

Venetianerne kan lide at afslutte deres måltider med en sgroppino, en sofistikeret og cremet citronsorbet granita pisket med prosecco, en tør mousserende hvidvin. Den skal laves i sidste øjeblik, og det er en sjov dessert at lave ved bordet. Jeg serverer den gerne i martiniglas. Brug et citronstrå af god kvalitet, købt i butik. Det er ikke traditionelt, men orange ville også være rart.

1 kop citronsorbet

1 kop prosecco eller anden meget kold tør mousserende vin

myntekviste

1. Flere timer før du planlægger at servere dessert, skal du afkøle 4 høje glas eller parfaitglas i køleskabet.

2. Lige inden servering tages sugerøret ud af fryseren. Lad det stå ved stuetemperatur, indtil det er blødt nok til at fjerne det, cirka 10 minutter. Hæld halmen i en mellemstor skål. Pisk indtil glat og glat.

3. Tilsæt langsomt prosecco og pisk kort med et piskeris, indtil det er cremet og glat. Hæld hurtigt slushen i afkølede vinglas eller martiniglas. Pynt med mynte. Server straks.

Pink Prosecco Granita

Sgroppino alle Fragole

Giver 6 portioner

Hvis de friske jordbær på dit marked ikke er modne og duftende, så prøv at bruge frosne jordbær til denne nemme dessert.

1 kop snittede jordbær

1 til 2 spiseskefulde sukker

1 kop citronsorbet

1 kop prosecco eller anden tør mousserende vin

Små friske jordbær eller citronskiver til pynt

1. Flere timer før du planlægger at servere dessert, skal du afkøle 6 høje glas eller parfaitglas i køleskabet.

2. Kom jordbærene og 1 spsk sukker i en foodprocessor eller blender. Purér bærrene, indtil de er glatte. Smag sødmen. Tilsæt evt mere sukker.

3. Lige inden servering tages sugerøret ud af fryseren. Lad det stå ved stuetemperatur, indtil det er blødt nok til at fjerne det, cirka

10 minutter. Hæld halmen i en mellemstor skål. Pisk indtil glat og glat. Tilsæt jordbærpuréen. Pisk hurtigt vinen i og pisk indtil blandingen er cremet og glat. Hæld i afkølede glas. Pynt med jordbær eller citronbåde og server med det samme.

Flødeis"

Creme gelato

Gør 6 til 8 portioner

Et strejf af citronsmag i denne lette, frisksmagende is. Jeg elsker at lave den, når de lokale jordbær er i sæson og servere dem sammen.

3 kopper sødmælk

4 æggeblommer

²/3 kop sukker

1 tsk ren vaniljeekstrakt

1 tsk citronskal

1. I en mellemstor gryde varmes mælken op ved middel varme, indtil der dannes små bobler rundt om kanten af gryden. Kog ikke mælken. Fjern fra ilden.

2. I en varmefast skål pisk æggeblommer og sukker, indtil det er tykt og godt blandet. Tilsæt den varme mælk, langsomt i starten, og pisk konstant, indtil al mælken er blandet. Tilsæt citronskal.

3. Hæld blandingen tilbage i gryden. Stil gryden over medium varme. Kog under konstant omrøring med en træske, indtil dampen begynder at stige fra gryden og cremen tykner lidt, cirka 5 minutter.

4. Hæld cremen gennem en netsi i en skål. Tilsæt vaniljen. Lad afkøle lidt, dæk derefter til og stil det på køl, indtil det er helt afkølet, cirka 1 time.

5. Frys i en ismaskine i henhold til producentens anvisninger. Pak isen i en plastikbeholder, dæk til og frys i op til 24 timer.

Citronis

Citron Gelato

Gør 3 til 4 portioner

Du skal bruge to til tre store citroner for at få nok saft og skal til denne enkle og lækre is.

¹1/2 kop friskpresset citronsaft

1 spsk friskrevet citronskal

1 kop sukker

1 pint halv og halv

1. I en mellemstor skål, kombiner citronsaft, skal og sukker og rør godt. Lad stå 30 minutter.

2. Tilsæt halvt og halvt og rør godt rundt. Hæld blandingen i beholderen til en ismaskine og følg producentens anvisninger for frysning.

3. Pak isen i en plastikbeholder, dæk til og frys i op til 24 timer.

ricotta is

Ricotta Gelato

Gør 6 til 8 portioner

Ricotta-is er en favoritsmag hos Giolitti, en af de fremragende romerske isbarer. Hver sommernat samles enorme folkemængder for at købe kogler fyldt med deres lækre sundaes.

Et par spiseskefulde hakket chokolade eller pistacienødder kan tilsættes isblandingen. Server denne fyldige is i små portioner, dryppet med lidt appelsinlikør eller rom, hvis du har lyst.

Både kandiseret appelsinskal og citron fås i italienske og mellemøstlige specialbutikker eller via postordre.kilder.

16 ounces frisk ricotta, hel eller delvis skummet

1/2 kop sukker

2 spsk sød eller tør Marsala

1 tsk ren vaniljeekstrakt

1/2 kop kold tung eller piskefløde

2 spiseskefulde hakket citron

2 spsk hakket kandiseret appelsinskal

1. Mindst 20 minutter før du er klar til at lave desserten, skal du stille en stor skål og piskere fra en elmixer i køleskabet. Læg ricottaen i en finmasket si over en skål. Brug en gummispatel til at skubbe ricottaen gennem sigten og ned i skålen. Pisk sukker, Marsala og vanilje.

2. Tag skål og piskeris ud af køleskabet. Hæld fløden i skålen og pisk fløden ved høj hastighed, indtil den forsigtigt holder formen, når piskerisene hæves, cirka 4 minutter.

3. Med en fleksibel spatel blandes fløde, cider og skal i ricottablandingen. Skrab blandingen ned i skålen på en ismaskine og frys i henhold til producentens anvisninger.

4. Pak isen i en plastikbeholder, dæk til og frys i op til 24 timer.

mascarpone is

mascarpone is

Giver 4 portioner

Mascarpone gør den rigere end den sædvanlige is.

1 kop sødmælk

1 kop sukker

1/2 kop mascarpone

1/2 kop friskpresset citronsaft

1 tsk citronskal

1. Kombiner mælk og sukker i en lille gryde. Kog ved lav varme under jævnlig omrøring, indtil sukkeret er opløst, cirka 3 minutter. Lad afkøle lidt.

2. Pisk mascarponen i og pisk til en jævn masse. Tilsæt citronsaft og -skal.

3. Frys i en ismaskine i henhold til producentens anvisninger.

4. Pak isen i en plastikbeholder, dæk til og frys i op til 24 timer.

kanel is

Kanel Gelato

Giver 6 portioner

En sommer i Italien for et par år siden blev denne is serveret medVarm rød frugtsauce, og jeg spiste det glad igen og igen. Isen er lækker alene, eller prøv den medmokka sauce.

2 kopper sødmælk

1 kop tung fløde

1 (2-tommer) strimmel citronskal

1/2 tsk stødt kanel

4 store æggeblommer

1/2 kop sukker

1. Kombiner mælk, fløde, citronskal og kanel i en mellemstor gryde. Varm op ved svag varme, indtil der dannes små bobler rundt om kanterne. Fjern fra ilden.

2. Pisk æggeblommer og sukker i en stor varmefast skål, til det er skummende. Hæld gradvist den varme mælk i æggeblommeblandingen, pisk indtil den er blandet.

3. Hæld blandingen tilbage i gryden. Stil gryden over medium varme. Kog under konstant omrøring med en træske, indtil dampen begynder at stige fra gryden og cremen tykner lidt, cirka 5 minutter.

4. Hæld cremecremen gennem en netsi i en skål. Lad afkøle. Dæk til og stil i køleskabet i mindst 1 time eller natten over. (For hurtigt at afkøle cremeblandingen, hæld den i en skål i en større skål fyldt med isvand. Rør blandingen ofte.)

5. Frys blandingen i en isfryser efter producentens anvisninger. Pak isen i en plastikbeholder, dæk til og frys i op til 24 timer.

espresso is

Gelato di Caffe

Gør 6 til 8 portioner

Herhjemme brygger de fleste italienere kaffe i en specialdesignet kande på komfuret. Den presser varm damp, ikke varmt vand, gennem kaffen, og det er det, der gør en klassisk espresso.

Men du kan lave god kaffe med espressobønner i en almindelig drypkande. Bare sørg for at bruge en espresso af god kvalitet og gør den stærk, især til denne is. Det er himmelsk kronet med varm chokolade sauce.

2 kopper sødmælk

2/3 kop sukker

3 store æggeblommer

1 kop stærk espresso kaffe

1. I en lille gryde varmes mælken op med sukkeret, indtil der dannes små bobler rundt om kanterne, cirka 3 minutter. Rør indtil sukkeret er opløst.

2. I en stor varmefast skål piskes æggeblommerne, indtil de er lysegule. Tilsæt gradvist den varme mælk. Hæld blandingen i gryden. Kog ved lav varme under konstant omrøring med en træske, indtil der kommer dampstykker op fra overfladen, og blandingen tykner lidt. Hæld straks blandingen gennem en finmasket si i en skål. Tilsæt den bryggede kaffe. Dæk til og stil på køl i mindst 1 time.

3. Frys blandingen i en isfryser efter producentens anvisninger. Pak isen i en plastikbeholder, dæk til og frys i op til 24 timer.

Nødde- og karamelis

Gelato di Noci

Giver 6 portioner

Dryp lidt rom eller cognac over denne is inden servering.

1 1/4 dl sukker

1 1/4 kop vand

1 kop tung fløde

2 kopper sødmælk

5 store æggeblommer

1 tsk ren vaniljeekstrakt

3 1/4 kop valnødder

1. I en lille tyk gryde kombineres sukker og vand. Kog over medium varme, omrør lejlighedsvis, indtil sukkeret er helt opløst, cirka 3 minutter. Når blandingen begynder at koge, stop med at røre og kog indtil siruppen begynder at brune rundt om kanterne. Rør derefter forsigtigt panden over varmen, indtil siruppen har en jævn gyldenbrun farve, cirka 2 minutter mere.

2. Fjern panden fra varmen. Når det holder op med at boble, hældes fløden forsigtigt i. Pas på, da karamellen kan boble. Når al fløden er tilsat, stivner karamellen. Sæt gryden tilbage på varmen. Kog under konstant omrøring, indtil karamellen er flydende og glat. Hæld blandingen i en stor skål.

3. I samme gryde varmes mælken op, indtil der dannes små bobler rundt om kanten af gryden, cirka 3 minutter.

4. I en medium varmefast skål piskes æggeblommerne med den resterende 1/4 kop sukker, indtil de er godt blandet. Tilsæt gradvist den varme mælk. Hæld blandingen i gryden og kog over svag varme under konstant omrøring, indtil der kommer dampstykker op fra overfladen, og blandingen er lidt tyk.

5. Hæld straks æggeblommeblandingen gennem en finmasket si i skålen med karamellen. Tilsæt vaniljen og rør til en jævn masse. Dæk til og stil i køleskabet i mindst 1 time.

6. Sæt en rist i midten af ovnen. Forvarm ovnen til 350 ° F. Fordel valnødderne i en lille gryde. Bages, under omrøring en eller to gange, i 10 minutter eller indtil let ristet. Gnid valnøddestykkerne med et håndklæde for at fjerne noget af huden. Lad afkøle. Skær i store stykker.

7. Frys blandingen i en isfryser efter producentens anvisninger.

8. Når isen er klar tilsættes nødderne. Pak isen i en plastikbeholder, dæk til og frys i op til 24 timer.

Honningis med Nougat

Gelato di Miele al Torrone

Giver 6 portioner

Italienerne elsker honning, især hvis den er lavet af bier, der bestøver duftende blomster og træer som lavendel og kastanje. Honning smøres på toast, dryppes med ost og bruges i madlavningen. Denne is får smagen af den anvendte type honning, så kig efter en med en interessant smag.

Der er to typer torrone i Italien. Den ene er en mildere nougatkonfekt, lavet med honning, æggehvider og valnødder. Den anden type, som er nem at lave derhjemme (seskør mandel), er en hård praline, lavet med sukker, vand og nødder. Begge typer torrone sælges også i pindform og findes i dagligvarebutikker og italienske konditorier, især omkring jul.

Den torrone topping er valgfri, men meget god. Både bløde og hårde kan bruges.

2 kopper sødmælk

4 store æggeblommer

1/2 kop honning

1 kop tung fløde

Cirka 6 spiseskefulde rom eller cognac

1/2 kop torrone finthakket (valgfrit)

1. I en mellemstor gryde varmes mælken op ved lav varme, indtil der dannes små bobler rundt om kanten af gryden, cirka 3 minutter.

2. I en stor varmefast skål piskes æggeblommer og honning, indtil det er glat. Tilsæt gradvist den varme mælk. Hæld blandingen i gryden og kog ved svag varme under konstant omrøring, indtil der kommer dampstykker op fra overfladen, og blandingen tykner lidt.

3. Hæld straks blandingen gennem en finmasket si i en skål. Tilsæt fløden. Dæk til og stil på køl indtil det er koldt, cirka 1 time.

4. Frys blandingen i en isfryser efter producentens anvisninger. Pak isen i en plastikbeholder. Dæk til og frys i op til 24 timer. Server hver portion toppet med en klat rom eller cognac og et drys knust torrone.

Amaretti Gelato

Amaretti Gelato

Gør 6 til 8 portioner

Italienerne elsker amaretti, lette og sprøde mandelkager, alene eller i deres desserter. Sprøde amaretti-småkagechips pynter denne is. Server med et skvæt amarettolikør.

2 kopper sødmælk

4 store æggeblommer

1/2 kop sukker

1 kop tung fløde

1 tsk ren vaniljeekstrakt

1 kop groft knuste amaretti cookies

1. Varm mælken op i en stor gryde ved lav varme, indtil der dannes små bobler rundt om kanterne, cirka 3 minutter.

2. I en stor varmefast skål pisk æggeblommer og sukker, indtil det er godt blandet. Tilsæt gradvist den varme mælk under konstant piskning. Når al mælken er tilsat hældes blandingen i gryden.

Kog over medium varme under konstant omrøring, indtil der kommer dampstykker op fra overfladen, og blandingen tykner lidt.

3. Hæld straks blandingen gennem en finmasket si i en skål. Tilsæt fløde og vanilje. Dæk til og stil på køl indtil det er koldt, cirka 1 time.

4. Frys isen ned i en isfryser efter producentens anvisninger. Når det er frosset tilsættes krummerne. Pak isen i en plastikbeholder, dæk til og frys i op til 24 timer.

Is "druknet"

Affogato Gelato

Giver 4 portioner

Enhver smag af is kan "druknes" i en varm espresso, men karamel pekannødder og fløde er to af mine favoritter. Isen smelter let og skaber en cremet sauce. Du kan undlade spiritus, hvis du ønsker det.

4 spiseskefulde pecan sliken ten Flødeis"

¹1/2 kop varm espresso kaffe

2 spsk appelsin- eller amarettolikør (valgfrit)

1. Tilbered isen evt. Kom is i to serveringsskåle.

2. Hvis du bruger likør, blandes espresso og likør i en lille skål, og derefter hældes blandingen over isen. Server straks.

Is med balsamicoeddike

Balsamico Gelato

Giver 4 portioner

Is og eddike kan virke som en mærkelig kombination, og det ville være, hvis det var lavet med almindelig balsamico. Til denne unikke dessert, populær i Parma, bør kun den fineste lagrede balsamico bruges som en glat, let astringerende sauce oven på den søde is. Supermarkedsudbuddet ville være for skarpt.

4 kugler premium vaniljeis eller frossen yoghurt, ellerFlødeis", blødgjort

2 til 3 teskefulde vellagret balsamicoeddike

Tilbered isen evt. Anret isen på serveringsfade. Dryp med balsamicoeddike. Server straks.

Frosne trøfler

tartufi

Giver 6 portioner

Siden min første tur til Italien i 1970, kan jeg ikke tage til Rom uden et kort stop ved Tre Scalini på Piazza Navona for at få en trøffel. Denne populære cafe har i årevis været kendt for sine lækre frosne trøfler, kugler is rullet i rige chokoladeflager omkring et syrligt kirsebærhjerte. Frosne trøfler er nemme at lave derhjemme og er en festlig dessert. Bare sørg for at holde alt rigtig koldt og arbejde hurtigt. En stor isske med en fjederbelastet håndtag til at frigøre isen er det bedste værktøj til dette.

4 ounce semisweet chokolade chips

6 italienske kirsebær i sirup (Amarena kirsebær, fås i krukker) eller maraschino kirsebær blandet med lidt brandy

2 spsk hakkede mandler

1 pint vaniljeis

1 pint chokoladeis

1. Beklæd en lille bradepande af metal med vokspapir og stil den i fryseren. Dæk en bageplade med alufolie.

2. I den nederste halvdel af en dobbelt kedel eller mellemstor gryde bringes 2 tommer vand til at simre. Læg chokoladestykkerne i den øverste halvdel af dobbeltkedlen eller i en skål, der passer behageligt over gryden. Lad chokoladen sidde, indtil den er blød, cirka 5 minutter. Rør indtil glat. Skrab den smeltede chokolade på den foliebeklædte plade. Fordel chokoladen jævnt og tyndt på folien. Afkøl i køleskabet, indtil det er fast, cirka 1 time.

3. Når chokoladen er hård, løfter du folien fra panden og brækker chokoladepladen i 1/2-tommers flager med en spatel eller fingrene. Fordel flagerne på bagepladen.

4. Tag den kolde stegepande ud af fryseren. Dyp en stor isske i vaniljeisen, fyld den cirka halvvejs. Dyp kuglen i chokoladeisen, og fyld den helt. Hold isen i kuglen, prik et hul i midten og indsæt et af kirsebærene og et par mandler. Form isen over fyldet. Drop isskuffen på chokoladeflagerne og rul isen hurtigt, mens du trykker chokoladen mod overfladen. Brug en metalspatel til at løfte den op og overfør den belagte is til den kolde gryde. Sæt gryden tilbage i fryseren.

5. Lav 5 flere istrøfler på samme måde. Dæk trøflerne og gryden med plastfolie, inden gryden sættes tilbage i fryseren. Frys mindst 1 time eller op til 24 timer før servering.

Kopper mandelcreme

kiksetortoni

Giver 8 portioner

Da jeg voksede op, var dette standarddessert til italienske restauranter, ligesom tiramisu har været i de sidste 15 år. Selvom det måske er gammeldags, er det stadig lækkert og nemt at lave.

For en mere avanceret dessert, hæld blandingen i parfaitglas eller ramekins. Maraschinokirsebærene tilføjer et strejf af farve, men du kan undlade dem, hvis du foretrækker det.

2 kopper kold tung eller flødeskum

1 1/2 kop flormelis

2 tsk ren vaniljeekstrakt

½ tsk mandelekstrakt

2 æggehvider, ved stuetemperatur

Knivspids salt

8 maraschinokirsebær, drænet og hakket (valgfrit)

2 spsk finthakkede ristede mandler

12 til 16 importerede italienske amaretti cookies, fint knust (ca. 1 kop krummer)

1. Mindst 20 minutter før du er klar til at piske fløden, skal du stille en stor røreskål og piskere fra en elmixer i køleskabet. Beklæd en muffinform med 8 plisseret papir eller folie cupcake liners.

2. Tag skål og piskeris ud af køleskabet. Hæld fløde, sukker og ekstrakter i skålen og pisk blandingen ved høj hastighed, indtil den holder formen jævn, når piskerisene hæves, cirka 4 minutter. Stil flødeskummet på køl.

3. I en stor, ren skål med rene piskeris piskes hviderne med saltet ved lav hastighed, indtil de er skummende. Øg gradvist hastigheden og pisk, indtil hviderne har bløde toppe, når piskerisene hæves. Brug en fleksibel spatel, og vend forsigtigt hviderne i flødeskummet.

4. Reserver 2 spiseskefulde amaretti-krummer. Rør de resterende krummer, kirsebær og mandler i flødeblandingen. Hæld i forberedte muffinskopper. Drys med de reserverede amaretti-krummer.

5. Dæk med folie og frys i mindst 4 timer eller op til natten over. Tag ud af køleskabet 15 minutter før servering.

orange skum

Spumone di Arancia

Giver 6 portioner

Spumone kommer fra spuma, som betyder "skum". Den har en mere cremet konsistens end almindelig is, fordi æggeblommerne er kogt med den varme sukkersirup for at lave en tyk creme. Selvom den er rig på æggeblommer, er den let og luftig af æggeskummet og flødeskummet.

3 navleappelsiner

1 kop vand

³1/4 kop sukker

6 store æggeblommer

1 kop kold tung eller flødeskum

1. Riv skallen fra appelsinerne og pres saften ud. (Der skal være 3 spiseskefulde skal og 2/3 kop juice.)

2. I en mellemstor gryde kombineres vandet og sukkeret. Bring det til kogepunktet ved middel varme, og kog derefter under omrøring af og til, indtil sukkeret er opløst.

3. Pisk æggeblommerne i en stor varmefast skål, indtil de er blandet. Tilsæt langsomt den varme sukkersirup i en tynd stråle, mens du pisker konstant. Hæld blandingen i gryden og kog over lav varme under omrøring med en træske, indtil den er let tyknet, og blandingen dækker skeen let.

4. Hæld blandingen gennem en finmasket si i en skål. Tilsæt appelsinsaft og -skal. Lad det køle af, dæk derefter til og stil det på køl, indtil det er afkølet, mindst 1 time. Stil en stor skål og piskerisene fra en elmixer i køleskabet.

5. Lige inden servering tages skålen og piskerisene ud af køleskabet. Hæld fløden i skålen og pisk fløden ved høj hastighed, indtil den forsigtigt holder formen, når piskerisene hæves, cirka 4 minutter. Brug en fleksibel spatel, og vend forsigtigt cremen ind i appelsinblandingen.

6. Frys i en isfryser efter producentens anvisninger. Pak i en beholder, dæk til og frys. Server inden for 24 timer.

mandel semifreddo

Semifreddo alle Mandorle

Giver 8 portioner

Semifreddo betyder "halvt kold". Denne dessert har fået sit navn, fordi selvom den er frossen, forbliver dens tekstur glat og cremet. Det smelter nemt, så hold alt meget koldt, mens du forbereder det. varm chokolade saucedet er et godt akkompagnement.

3 1/4 kop kold tung eller piskefløde

1 tsk ren vaniljeekstrakt

3 1/4 kop sukker

1 1/4 kop vand

4 store æg, ved stuetemperatur

6 amaretti småkager, fint knust

2 spsk finthakkede ristede mandler

2 spsk skivede mandler

1. Beklæd en 9 x 5 x 3-tommer metalbrødform med plastfolie, efterlad et 2-tommers udhæng i enderne. Afkøl panden i fryseren. Mindst 20 minutter før du er klar til at piske fløden, skal du stille en stor røreskål og piskere fra en elmixer i køleskabet.

2. Når du er klar, tages skålen og røremaskinen ud af køleskabet. Hæld fløde og vanilje i skålen og pisk fløden ved høj hastighed, til den forsigtigt holder formen, når piskerisene hæves, cirka 4 minutter. Sæt skålen tilbage i køleskabet.

3. I en lille gryde kombineres sukker og vand. Lad det simre over medium varme, og kog derefter under omrøring af og til, indtil sukkeret er helt opløst, cirka 2 minutter.

4. I en stor røreskål piskes æggene med røremaskinen på medium hastighed, indtil de er skummende, cirka 1 minut. Pisk langsomt den varme sukkerlage i æggene i en tynd stråle. Fortsæt med at piske, indtil blandingen er meget let og luftig og kølig at røre ved, 8 til 10 minutter.

5. Brug en fleksibel spatel, og vend forsigtigt flødeskummet i æggeblandingen. Vend forsigtigt småkagekrummer og hakkede mandler i.

6. Hæld blandingen i den forberedte brødform. Dæk godt med plastfolie og frys i 4 timer op til natten over.

7. Pak panden ud. Vend en serveringsplade på toppen af gryden. Hold pladen og panden sammen, og vend dem om. Løft gryden op og fjern forsigtigt plastfolien. Drys med de skivede mandler.

8. Skær i skiver og server straks.

Florentinsk frossen kuppel kage

Zucchini

Giver 8 portioner

Inspireret af kuplen på den smukke Duomo, katedralen i hjertet af Firenze, er denne imponerende dessert ret nem at lave, til dels fordi den bruger tilberedt kage.

1 (12-ounce) pund kage

2 spsk rom.

2 spsk appelsinlikør

Fyldt

1 pint tung eller piskefløde

¼ kop konditorsukker plus mere til pynt

1 tsk ren vaniljeekstrakt

4 ounce halvsød chokolade, finthakket

2 spsk skivede mandler, ristet og afkølet

friske bær (valgfrit)

1. Mindst 20 minutter før du er klar til at piske fløden, skal du stille en stor røreskål og piskere fra en elmixer i køleskabet. Beklæd en 2-quart rund skål eller pande med plastfolie. Skær kagen i skiver, der ikke er mere end 1/4 tomme tykke. Skær hver skive i halve diagonalt, lav to trekantede stykker, og arranger dem alle på et fad.

2. Kombiner rom og likør i en lille skål og drys blandingen over kagen. Læg så mange kagestykker, som du har brug for, side om side, med spidsen nedad, i skålen for at danne et lag. Dæk den resterende indvendige overflade af skålen med den resterende kage, skær stykker, så de passer efter behov. Fyld hullerne ud med kagestykker. Reserver den resterende kage til toppen.

3. Forbered fyldet: Tag skål og røremaskiner ud af køleskabet. Hæld fløden i skålen. Tilsæt flormelis og vanilje. Pisk ved høj hastighed, indtil cremen holder sin form, når piskerne hæves, ca. 4 minutter. Vend forsigtigt chokoladen og mandlerne i.

4. Hæld flødeblandingen i gryden, pas på ikke at forstyrre kagen. Læg de resterende kageskiver i ét lag ovenpå. Dæk forsvarligt med plastfolie og frys panden 4 timer til natten over.

5. For at servere skal du fjerne plastfolien og vende en serveringsfad på toppen af skålen. Hold tallerkenen og skålen

sammen, og vend dem om. Tag skålen op. Fjern plastfolien og drys med flormelis. Arranger bærrene rundt om kagen. Skær i stykker til servering.

Mascarponesauce med honning

Mascarponesauce

Giver 2 kopper

Server dette på friske bær eller på Marsala valnøddekage.

1/2 kop mascarpone

3 spiseskefulde honning

1/2 tsk citronskal

1 kop kold tung fløde, pisket

I en stor skål piskes mascarpone, honning og citronskal, indtil det er glat. Tilsæt flødeskummet. Server straks.

Frisk Frisk Sauce

Salsina di Fragole

Giver 1 1/2 kop

Hindbær kan også tilberedes på denne måde. Hvis du bruger hindbær, si saucen for at fjerne kernerne.

1 liter friske jordbær, skyllet og skrællet

3 spsk sukker eller efter smag

1 1/4 kop frisk appelsinjuice

2 spsk appelsinlikør, cassis eller lys rom

Bland alle ingredienserne i en foodprocessor eller blender. Purér indtil glat. Server eller overfør til en lufttæt beholder og opbevar i køleskabet i op til 24 timer.

Varm rød frugtsauce

Salsina Calda di Frutti di Bosco

Giver cirka 2 1/2 kop

Denne sauce er fremragende til citron, mascarpone, kanel eller "creme" is eller simpel kage.

4 kopper blandede friske bær, såsom blåbær, jordbær, hindbær og brombær

1/4 kop vand

1/4 kop sukker eller mere

1. Skyl bærrene og fjern skind eller stilke. Skær jordbærrene i halve eller kvarte, hvis de er store.

2. Kombiner bær, vand og sukker i en mellemstor gryde. Bring det i kog ved middel varme. Kog under omrøring af og til, indtil bærrene er glatte og saften er lidt tyk, cirka 5 minutter. Smag til og tilsæt mere sukker, hvis det er nødvendigt. Fjern fra varmen og lad afkøle lidt. Server eller overfør til en lufttæt beholder og opbevar i køleskabet i op til 24 timer.

Hindbærsauce hele året

Lampone sauce

Gør cirka 2 kopper

Selv når bærrene ikke er i sæson, kan du stadig lave en lækker, frisk smagende dip. Hindbærsmag og farve passer især godt til desserter og kager med mandel- og chokoladesmag. For en enkel, men smuk dessert, dryp også denne sauce og nogle friske bær over tynde skiver melon.

Saucen kan også laves med frosne blåbær eller jordbær eller en kombination af bær. Hvis du ikke kan finde bær i sirup, så brug usødet frugt og tilsæt sukker efter smag.

2 (10-ounce) pakker frosne hindbær i sirup, delvist optøet

1 tsk majsstivelse blandet med 2 spsk vand

Cirka 1 tsk frisk citronsaft

1. Før bærrene gennem en madkværn udstyret med et fint blad, eller purér i en foodprocessor og pres dem gennem en finmasket si.

2. Bring puréen i kog i en lille gryde. Tilsæt majsstivelsesblandingen og kog under jævnlig omrøring, indtil den er lidt fortykket, cirka 1 minut. Tilsæt citronsaften. Lad afkøle lidt. Server eller overfør til en lufttæt beholder og opbevar i køleskabet i op til 3 dage.

varm chokolade sauce

Calda sauce med cioccolato

Giver cirka 1 1/2 kop

Espressoen intensiverer chokoladesmagen i denne lækre sauce, men du kan undlade det, hvis du foretrækker det. Server med is, semifreddo eller almindelige kager; Det passer til en bred vifte af desserter.

8 ounce bittersød eller halvsød chokolade, hakket

1 kop tung fløde

Læg chokolade og fløde oven på en dobbelt kedel eller i en varmefast skål over en gryde med kogende vand. Lad stå indtil chokoladen er blød. Rør indtil glat. Serveres varm eller overfør til en lufttæt beholder og opbevares i køleskabet i op til 3 dage. Genopvarm forsigtigt.

Varm mokkasauce: Tilsæt 1 tsk instant espressopulver med chokoladen.

kattens tunge

savoiardi

gør 4 dusin

Disse lette, sprøde småkager, kaldet Savoiardi, er opkaldt efter kongehuset Savoy, der regerede Piemonte-regionen fra det 15. århundrede og hele Italien fra 1861 til Anden Verdenskrig. De laver perfekte tekager og ser flotte ud med is eller frugt, men kan også bruges i sammensatte desserter som tiramisu.

Kartoffelstivelse bruges til at gøre småkagerne sprøde og lette. Du kan finde kartoffelstivelse i mange supermarkeder, eller du kan erstatte den med majsstivelse.

4 store æg, ved stuetemperatur

2/3 kop sukker

2 tsk ren vaniljeekstrakt

1 1/2 kop universalmel

1 1/4 kop kartoffelstivelse

Knivspids salt

1. Forvarm ovnen til 400 ° F. Smør og mel 3 store bageplader.

2. Skil æggene fra hinanden. I en stor skål pisk æggeblommerne med 1/3 kop sukker og vanilje med en elektrisk røremaskine på medium hastighed, indtil de er tykke og lysegule, ca. 7 minutter.

3. I en stor, ren skål med rene piskeris piskes hviderne med en knivspids salt ved lav hastighed, indtil de er skummende. Øg hastigheden til høj og tilsæt gradvist den resterende 1/3 kop sukker. Pisk indtil æggehviderne holder bløde toppe, når piskere hæves, ca. 5 minutter.

4. Brug en gummispatel til at folde cirka 1/3 af æggehviderne i æggeblommerne for at tynde dem. Tilsæt gradvist de resterende hvider.

5. Kom mel og stivelse i en lille finmasket si. Ryst silen over æggene og vend forsigtigt men forsigtigt de tørre ingredienser i.

6. Hæld dejen i en stor wienerbrødspose med en 1/2-tommers spids eller en kraftig plastikpose med det ene hjørne afskåret. (Fyld ikke posen mere end halvt op.) Hæld dejen på bageplader, og danner 3 × 1-tommers stammer med en afstand på ca.

7. Hav flere trådkølereoler klar. Bag kagerne i 10 til 12 minutter, eller indtil de er gyldenbrune og faste, når de berøres let i midten.

8. Overfør bagepladerne til køleristene. Afkøl småkagerne i 2 minutter på bageplader, og overfør dem derefter til rist for at køle helt af. Opbevares i en lufttæt beholder ved stuetemperatur i op til 2 uger.

Semolina Cookies

canestrelli

Gør 36

Canistrelli betyder "små kurve". Sprøde og smøragtige, disse liguriske cookies er lavet med semulje, hvilket giver dem en cremet farve og en let grynet tekstur.

Semulje er blegguld, hård hård hård hvede, der er blevet malet til at have en sandlignende tekstur. Semuljen kan være fin eller groft. Fin semulje er ofte mærket semuljemel eller pastamel. Det bruges ofte til at lave brød, især på Sicilien, og visse typer pasta og gnocchi, som f.eks.romersk semulje gnocchi. Grits kan købes i mange supermarkeder, helsekostbutikker og etniske markeder eller påpostordrekilder.

12/3 dl universalmel

1 1/2 kop fin semulje

1 1/2 tsk salt

1 kop (2 stænger) usaltet smør, ved stuetemperatur

1 1/2 kop flormelis

1 stort æg

1. I en stor skål sigtes mel, semulje og salt sammen.

2. I en stor skål med en elektrisk mixer piskes smørret ved medium hastighed, indtil det er let og luftigt, cirka 2 minutter. Tilsæt sukkeret og pisk, indtil det er godt blandet, ca. 1 minut mere. Pisk ægget til det er blandet.

3. Tilsæt tørre ingredienser og rør ved lav hastighed, indtil det er blandet. (Bland ikke for meget.) Saml dejen til en kugle og pak den ind i plastfolie. Stil på køl 1 time op til natten over.

4. Forvarm ovnen til 350 ° F. Smør 2 store bageplader.

5. På en let meldrysset overflade ruller du dejen ud med en kagerulle til en 9-tommers cirkel omkring 1/4-tommer tyk. Skær dejen i 2-tommers cirkler ved hjælp af en kage- eller kikskærer. Placer på forberedte bageplader omkring 1 tomme fra hinanden.

6. Hav 2 kølereoler klar. Bages i 13 minutter, eller indtil cookies er let brunede rundt om kanten.

7. Overfør bagepladerne til køleristene. Lad småkagerne afkøle 5 minutter på bageplader, og overfør dem derefter til rist for at køle helt af. Opbevares i en lufttæt beholder i op til 2 uger.

Vin Santo ringe

Ciambelline al Vin Santo

gør omkring 4 dusin

Vin Santo er en toscansk tør dessertvin. Det serveres normalt som en side til at dyppe cookies, men her er det den vigtigste smagsingrediens i de ringformede cookies. De er lavet med olivenolie og har ikke æg eller smør. Vin santo giver småkagerne en subtil vinsmag, mens teksturen er mør og smuldrende. Opskriften fik jeg af kokken på vingården Selvapiana i Toscana.

2 1/2 dl universalmel

1 1/2 kop sukker

1 1/2 kop ekstra jomfru olivenolie

1 1/2 kop vin santo

1. Forvarm ovnen til 350 ° F. Hav 2 store usmurte bageplader klar.

2. Kombiner mel og sukker i en stor skål med en træske. Tilsæt olie og vin og rør til det er glat og godt blandet. Form dejen til en kugle.

3. Del dejen i 6 sektioner. Skær en sektion i 8 stykker. Rul hvert stykke mellem dine håndflader til en 4 × 1/2-tommers log. Form træstammen til en ring, og klem kanterne sammen for at forsegle. Gentag med den resterende dej, og placer ringene 1 tomme fra hinanden på bagepladerne.

4. Hav 2 kølereoler klar. Bag ringene i 20 minutter eller indtil de er gyldne.

5. Overfør bagepladerne til stativerne. Lad småkagerne afkøle 5 minutter på bageplader, og overfør dem derefter til rist for at køle helt af. Opbevares i en lufttæt beholder i op til 2 uger.

Marsala kiks

Biscotti al Marsala

gør 4 dusin

Den varme og solrige smag af Marsala forbedrer disse sicilianske småkager. Du kan bruge tør eller sød Marsala. Sørg for at servere dem med et glas af samme vin. De ligner Vin Santo-ringene til venstre, selvom teksturen er lettere og sprødere på grund af æggene og bagepulveret, og de er glaseret med sukker.

2 1/2 dl universalmel

2 teskefulde bagepulver

1 tsk salt

1 kop sukker

1/2 kop tør eller sød Marsala

2 store æg

1/4 kop ekstra jomfru olivenolie

1 tsk ren vaniljeekstrakt

1. Forvarm ovnen til 375 ° F. Smør 2 store bageplader.

2. I en stor skål sigtes mel, bagepulver og salt sammen. Hæld 1/2 kop sukker i en lille skål og 1/4 kop Marsala i en anden.

3. Pisk æggene og den resterende 1/2 kop sukker i en stor skål, indtil det er godt blandet. Pisk den resterende 1/4 kop Marsala, olie og vaniljeekstrakt sammen. Tilsæt de tørre ingredienser med en træske. Ælt kort til det er godt blandet og form dejen til en kugle.

4. Del dejen i 6 sektioner. Skær en sektion i 8 stykker. Rul hvert stykke mellem dine håndflader til en 4 × 1/2-tommers log. Form træstammen til en ring, og klem kanterne sammen for at forsegle. Gentag med den resterende dej.

5. Dyp toppen eller bunden af hver ring først i vinen og derefter i sukkeret. Placer ringe med sukkersiden opad og 1 tomme fra hinanden på forberedte bageplader. Bages i 18 til 20 minutter, eller indtil de er gyldenbrune. Hav 2 kølereoler klar.

6. Overfør bagepladerne til stativerne. Lad småkagerne afkøle 5 minutter på bageplader, og overfør dem derefter til rist for at køle helt af. Opbevares i en lufttæt beholder i op til 2 uger.

sesamvin cookies

Biscotti di Vino

gør 2 dusin

Bare lidt søde, med et krydret strejf af sort peber, er disse napolitanske småkager gode at nippe til med et glas vin og lidt ost.

2 1/2 dl universalmel

1 1/2 kop sukker

1 1/2 tsk bagepulver

1 tsk salt

1 tsk friskkværnet sort peber

1 1/2 kop tør rødvin

1 1/2 kop olivenolie

1 æggehvide, pisket til skum

2 spsk sesamfrø

1. Forvarm ovnen til 350 ° F. Hav 2 store usmurte bageplader klar.

2. I en stor skål blandes mel, sukker, bagepulver, salt og peber. Tilsæt vin og olivenolie og rør til det er godt blandet.

3. Form dejen til en kugle. Del dejen i 4 stykker. Form hvert stykke til en 10-tommers log. Flad stokkene lidt ud. Pensl med æggehviden og drys med sesamfrø.

4. Skær logs i 3/4-tommer stykker. Læg stykkerne en tomme fra hinanden på bagepladerne. Bages i 25 minutter eller indtil de er let gyldne.

5. Hav 2 store kølestativer klar. Overfør bagepladerne til stativerne. Lad småkagerne afkøle 5 minutter på bageplader, og overfør dem derefter til rist for at køle helt af. Opbevares i en lufttæt beholder i op til 2 uger.

sesam cookies

Biscotti Regina

48 siden

Sicilianerne kalder disse cookies for regina eller "dronning", fordi de er højt værdsatte. Selvom de ser ret almindelige ud, er deres ristede sesamsmag vanedannende. Det ene fører uvægerligt til det andet.

Se efter friske sesamfrø uden skal på etniske markeder og helsekostbutikker. Disse cookies blev oprindeligt lavet med spæk. Sicilianske kokke bruger i dag ofte margarine, men jeg foretrækker en kombination af smør for smag og afkortning for at blødgøre.

4 kopper universalmel

1 kop sukker

1 spsk bagepulver

1 tsk salt

1/2 kop (1 pind) usaltet smør, ved stuetemperatur

1/2 kop fast vegetabilsk afkortning

2 store æg, ved stuetemperatur

1 tsk ren vaniljeekstrakt

1 tsk citronskal

2 kopper uskrællede sesamfrø

1 1/2 kop mælk

1. Forvarm ovnen til 375 ° F. Smør og mel to store bageplader eller beklæd dem med pergament.

2. Bland mel, sukker, bagepulver og salt i en stor skål med en elektrisk mixer. Ved lav hastighed tilsættes smør og afkortning lidt ad gangen, indtil blandingen ligner grove krummer.

3. Pisk æg, vanilje og citronskal i en mellemstor skål. Rør æggeblandingen i de tørre ingredienser, indtil den er glat og godt blandet, cirka 2 minutter. Dæk dejen med plastfolie og stil den på køl i 1 time.

4. Fordel sesamfrøene på et stykke vokspapir. Kom mælken i en lille skål ved siden af sesamfrøene.

5. Tag dejen ud af køleskabet. Tag en del af dejen på størrelse med en golfbold ud og form den til en træstamme, der er 2 1/2 tomme lang og 3/4 tomme bred. Dyp stokken i mælken og rul den derefter sammen med sesamfrø. Læg bjælken på

bagepladen og flad den lidt med fingrene. Fortsæt med den resterende dej, og læg stokkene en tomme fra hinanden.

6. Bages i 25 til 30 minutter eller indtil godt brunet. Hav 2 store kølestativer klar.

7. Overfør bagepladerne til stativerne. Lad småkagerne afkøle 5 minutter på bageplader, og overfør dem derefter til rist for at køle helt af. Opbevares i en lufttæt beholder i op til 2 uger.

aniskager

Biscotti di Anice

For omkring 3 dusin siden

Anis, et medlem af samme plantefamilie som fennikel, kommen og dild, betragtes som en fordøjelseshjælp. I det sydlige Italien bruges anisfrø til at smage efter middagslikører som Sambuca og anis, hvilket giver disse småkager deres karakteristiske lakridssmag. For en mere udtalt smag, tilsæt en teskefuld anis til dejen før bagning.

2 store æg, ved stuetemperatur

1 spsk anislikør eller anisekstrakt

¹1/2 kop sukker

1 kop universalmel

2 spsk majsstivelse

1 tsk bagepulver

1. Sæt en rist i midten af ovnen. Forvarm ovnen til 350 ° F. Smør en 9-tommer firkantet bradepande. Beklæd bunden af stegepanden med vokspapir. Smør og mel papiret. Skrab overskydende mel ud.

2. Kombiner æg, spiritus og sukker i en stor skål med en elektrisk mixer. Begynd at piske æggene ved lav hastighed, og øg gradvist hastigheden til høj. Fortsæt med at piske æggene, indtil de er meget lette og skummende og tredobbelt i volumen, cirka 5 minutter.

3. Kom mel, majsstivelse og bagepulver i en finmasket si. Rør silen over æggeblandingen, og inkorporér gradvist de tørre ingredienser med en gummispatel. Pas på ikke at tømme æggene.

4. Skrab dejen i den forberedte gryde og glat toppen. Bages 20 til 25 minutter, eller indtil de lige er sat, når de røres let i midten og gyldenbrune. Hav en stor bageplade og en stor kølerist klar.

5. Tag gryden ud af ovnen, men lad ovnen være tændt. Kør en lille kniv rundt om grydens kanter. Vend kagen ud på et skærebræt.

6. Hæv ovntemperaturen til 375 ° F. Brug en lang savtakket kniv til at skære tærten i 3-tommers strimler. Skær hver strimmel på tværs i 3/4 tomme tykke skiver. Arranger skiverne i et enkelt lag på en stor bageplade. Bag skiverne i 7 minutter eller indtil de er ristede og gyldne.

7. Fjern småkagerne fra ovnen og overfør dem til rist til afkøling. Opbevares i en tæt dækket beholder i op til 2 uger.

bagte løg

Cipolle al Forno

Gør 4 til 8 portioner

Disse løg bliver bløde og søde, når de koges; prøv dem med roastbeef.

4 mellemstore hvide eller røde løg, pillede

½ kop tørre brødkrummer

¼ kop friskrevet Parmigiano-Reggiano eller Pecorino Romano

2 spsk olivenolie

Salt og friskkværnet sort peber

1. Bring en mellemstor gryde med vand i kog. Tilsæt løgene og reducer varmen for at bringe vandet til at simre. Kog 5 minutter. Lad løgene køle af i vandet i gryden. Dræn løgene og halver dem på kryds og tværs.

2. Sæt en rist i midten af ovnen. Forvarm ovnen til 350 ° F. Smør en bageplade, der er stor nok til at holde løgene i et enkelt lag. Læg løgene i gryden med snitsiden opad. I en lille skål blandes

brødkrummer, ost, olivenolie og salt og peber sammen efter smag. Læg brødkrummerne over løgene.

3.Bag 1 time, eller indtil løgene er gyldne og møre, når de gennembores med en kniv. Serveres varm eller ved stuetemperatur.

Løg med balsamicoeddike

Cipolle al Balsamico

Giver 6 portioner

Balsamico-eddiken komplementerer rødløgens søde smag og farve. De passer godt til flæskesteg eller koteletter.

6 mellemstore rødløg

6 spiseskefulde ekstra jomfru olivenolie

3 spsk balsamicoeddike

Salt og friskkværnet sort peber

1. Sæt en rist i midten af ovnen. Forvarm ovnen til 375 ° F. Beklæd en bageplade med aluminiumsfolie.

2. Vask løgene, men pil dem ikke. Læg løgene i den forberedte stegepande. Bag løgene i 1 til 1 1/2 time, indtil de lige er møre, når de er gennemboret med en kniv.

3. Skær rodenderne af løgene og fjern skindet. Skær løgene i kvarte og kom dem i en skål. Tilsæt olie, eddike, salt og peber efter

smag og rør for at kombinere. Serveres varm eller ved stuetemperatur.

Rødløg Confit

Confettura di Cipolle Rosse

Giver cirka 1 pint

Tropea, på den calabriske kyst, er kendt for sine søde rødløg. Selvom rødløg i USA er mere krydret, kan du stadig lave denne lækre marmelade, som vi spiste på Locanda di Alia i Castrovillari. Marmeladen blev serveret med stegte gyldne sardiner, men den er også god til grillet kylling eller svinekoteletter. Jeg kan også godt lide det som krydderi med en krydret ost, som lagret pecorino.

En variant af syltetøjet inkluderer lidt hakket frisk mynte. Sørg for at bruge en tykbundet grydeske og hold varmen meget lav for at undgå, at løgene sætter sig fast. Tilsæt lidt vand, hvis de tørrer for hurtigt.

1 1/4 pund rødløg, finthakket

1 kop tør rødvin

1 tsk salt

2 spsk usaltet smør

1 spsk balsamicoeddike

1 eller 2 spiseskefulde honning

Cirka 1 spsk sukker

1. I en mellemtung gryde kombineres løg, rødvin og salt over medium varme. Bring det i kog og sænk varmen. Dæk til og kog under jævnlig omrøring i 1 time og 15 minutter, eller indtil løgene er meget møre. Løgene bliver lidt gennemsigtige.

2. Tilsæt smør, balsamicoeddike og 1 spsk hver af honning og sukker. Kog uden låg, under jævnlig omrøring, indtil al væsken er fordampet, og blandingen er meget tyk.

3. Lad afkøle lidt. Server ved stuetemperatur eller let lunt. Denne holder sig i køleskabet i op til en måned. For at genopvarme, læg confiteret i en lille skål over en gryde med kogende vand eller opvarm i en mikrobølgeovn.

Brændt rødbede- og løgsalat

Salata di Cipolla e Barbabietola

Giver 6 portioner

Hvis du aldrig har fået friske rødbeder, der er i sæson, bør du prøve dem. Når de er unge og møre, er de bemærkelsesværdigt søde og smagfulde. Køb dem om sommeren og efteråret, når de er bedst. Efterhånden som de bliver ældre, bliver de træagtige og smagløse.

6 rødbeder, trimmet og skrubbet

2 store løg, pillede

6 spiseskefulde olivenolie

2 spsk rødvinseddike

Salt og friskkværnet sort peber

6 friske basilikumblade

1. Sæt en rist i midten af ovnen. Forvarm ovnen til 400 ° F. Skrub rødbeder og pak dem ind i et stort ark aluminiumsfolie, som lukker tæt. Læg pakken på en bageplade.

2. Skær løgene i små stykker. Læg dem i et bradefad og bland dem med 2 spsk olivenolie.

3. Stil rødbedebundtet og panden med løg side om side i ovnen. Bag 1 time, eller indtil rødbederne er møre, når de gennembores med en kniv og løg er gyldne.

4. Lad rødbederne køle af. Skræl skindet og skær rødbederne i både.

5. I en stor skål, smid rødbeder og løg med 1/4 kop olivenolie, eddike og salt og peber efter smag. Drys med basilikum og server straks.

Perleløg med honning og appelsin

Cipolline parfume all'Arancia

Giver 8 portioner

Søde og sure perleløg smagt til med honning, appelsin og eddike er gode til en festlig kalkun eller kapon, flæskesteg eller som forret med salumi i skiver. Du kan lave dem i forvejen, men de skal forsigtigt varmes op inden servering.

2 pund perleløg

1 navle orange

2 spsk usaltet smør

¹1/4 kop honning

¹1/4 kop hvidvinseddike

Salt og friskkværnet sort peber

1. Bring en stor gryde vand i kog. Tilsæt løgene og steg i 3 minutter. Dræn og afkøl under rindende vand. Brug en skarp skærekniv til at barbere spidsen af rodenderne. Skær ikke enderne for dybt, ellers falder løgene fra hinanden under tilberedningen. Tag skindet af.

2. Brug en roterende grøntsagsskræller til at fjerne appelsinskalen. Stabel skalstrimlerne og skær dem i tynde stave. Pres saften ud af appelsinen. Sæt til side.

3. I en stor stegepande smeltes smørret over medium varme. Tilsæt løgene og steg 30 minutter eller indtil de er let brune, ryst gryden af og til, så de ikke klæber.

4. Tilsæt appelsinjuice, skal, honning, eddike og salt og peber efter smag. Reducer varmen til lav, og kog i 10 minutter, vend løg ofte, indtil de er lige møre, når de gennembores med en kniv og glaseres med sauce. Lad afkøle lidt. Serveres varm.

Ærter med løg

Piselli med Cipolle

Giver 4 portioner

Lidt vand tilsat gryden hjælper løget med at blive blødt og blødt uden at brune. Løgets sødme forstærker ærternes smag.

2 spsk olivenolie

1 mellemstor løg, finthakket

4 spiseskefulde vand

2 kopper friske afskallede ærter eller 1 (10-ounce) pakke frosne ærter

knivspids tørret oregano

Salt

1. Hæld olien i en mellemstor gryde. Tilsæt løg og 2 spsk vand. Kog, omrør ofte, indtil løget er meget mørt, cirka 15 minutter.

2. Tilsæt ærterne, de resterende 2 spsk vand, oregano og salt. Dæk til og kog indtil ærterne er møre, 5 til 10 minutter.

Ærter med prosciutto og grønt løg

Piselli al Prosciutto

Giver 4 portioner

Disse ærter er gode til lammekoteletter eller lammesteg.

3 spsk usaltet smør

4 grønne løg, trimmet og skåret i tynde skiver

2 kopper friske afskallede ærter eller 1 (10-ounce) pakke frosne ærter

1 tsk sukker

Salt

4 tynde skiver importeret italiensk prosciutto, skåret på kryds og tværs i tynde strimler

1. Smelt 2 spiseskefulde smør i en mellemstor stegepande. Tilsæt grønne løg og kog 1 minut.

2. Tilsæt ærter, sukker og salt efter smag. Tilsæt 2 spsk vand og dæk gryden. Kog indtil ærterne er møre, 5 til 10 minutter.

3. Tilsæt prosciutto og den resterende spiseskefuld smør. Kog 1 minut mere og server varm.

Søde ærter med salat og mynte

Piselli alla mynte

Giver 4 portioner

Selv frosne ærter smager friskplukkede, når de tilberedes på denne måde. Salaten tilføjer en let crunch og mynten en frisk, lys smag.

2 spsk usaltet smør

¼ kop løg, meget fint hakket

2 kopper friske afskallede ærter eller 1 (10-ounce) pakke frosne ærter

1 kop revet salatblade

12 mynteblade, skåret i stykker

Salt og friskkværnet sort peber

1. I en mellemstor gryde smeltes smørret over medium varme. Tilsæt løg og kog indtil de er møre og gyldne, cirka 10 minutter.

2. Tilsæt snapseærter, salat, mynteblade og salt og peber efter smag. Tilsæt 2 spsk vand og dæk gryden. Kog i 5 til 10 minutter, eller indtil ærterne er møre. Serveres varm.

Påske Ærtesalat

påske salat

Giver 4 portioner

I 1950'erne blev Romeo Salta betragtet som en af de bedste italienske restauranter i New York City. Det skilte sig ud, fordi det var meget stilfuldt og serverede norditaliensk mad på et tidspunkt, hvor de fleste kun kendte til familierestauranter, der serverede sydens røde retter. Ejeren, Romeo Salta, havde lært restaurantbranchen at arbejde på luksuskrydstogtskibe, på det tidspunkt, den bedste træningsplads for restaurantpersonale. Denne salat ville dukke op på menuen omkring påske, hvor friske ærter blev rigeligt. Den originale opskrift indeholdt også ansjoser, selvom jeg foretrækker salaten uden dem. Nogle gange tilføjer jeg hakket schweizisk eller en lignende ost sammen med prosciuttoen.

2 1/2 kop friske afskallede ærter eller 1 (10-ounce) pakke frosne ærter

Salt

1 kogt æggeblomme

1/4 kop olivenolie

1/4 kop citronsaft

friskkværnet sort peber

2 ounce skåret importeret italiensk prosciutto, skåret på tværs i smalle strimler

1. Til friske eller frosne ærter bringes en mellemstor gryde med vand i kog. Tilsæt ærter og salt efter smag. Kog indtil ærterne er lige møre, cirka 3 minutter. Dræn ærterne. Lad dem køle af under koldt rindende vand. Tør ærterne.

2. Mos æggeblommen i en serveringsskål med en gaffel. Pisk olie, citronsaft og salt og peber sammen efter smag. Tilsæt ærterne og rør forsigtigt. Tilsæt prosciutto-strimlerne og server med det samme.

ristede peberfrugter

Peperoni Arrostiti

Giver 8 portioner

Ristede peberfrugter er gode i salater, omeletter og sandwich. De fryser også godt, så du kan lave et parti om sommeren, når der er rigeligt med peberfrugter, og gemme dem til vinterens måltider.

8 store røde, gule eller grønne peberfrugter

1. Dæk bradepanden med alufolie. Placer bradepanden omkring 3 inches væk fra varmekilden. Læg de hele peberfrugter i gryden. Tænd for grillen på høj varme. Grill peberfrugter, vend ofte med en tang, ca. 15 minutter, eller indtil huden er blæret og forkullet over det hele. Kom peberfrugterne i en skål. Dæk med aluminiumsfolie og lad afkøle.

2. Skær peberfrugterne i halve, og hæld saften af i en skål. Skræl skindet og kassér frø og stilke.

3. Skær peberfrugterne på langs i 1-tommers strimler og læg dem i en serveringsskål. Si saften over peberfrugterne.

4. Serveres ved stuetemperatur eller opbevares i køleskabet og serveres koldt. Peberfrugt holder sig i 3 dage i køleskabet eller 3 måneder i fryseren.

Brændt pebersalat

Insalata di Peperoni Arrostiti

Giver 8 portioner

Server disse peberfrugter som en del af et antipasto-sortiment, som tilbehør til tun eller grillet svinekød eller som en antipasto med frisk mozzarella i skiver.

1 opskrift (8 peberfrugter) ristede peberfrugter

⅓ kop ekstra jomfru olivenolie

4 basilikumblade, skåret i stykker

2 fed hvidløg, skåret i tynde skiver

Salt og friskkværnet sort peber

> Forbered peberfrugterne evt. Vend peberfrugterne med olie, basilikum, hvidløg og salt og peber efter smag. Lad stå 1 time før servering.

Brændt peberfrugt med løg og krydderurter

Peperoni Arrostiti med Cipolle

Giver 4 portioner

Server disse peberfrugter varme eller ved stuetemperatur. De er også en god topping til crostini.

½ opskriftristede peberfrugter; brug rød eller gul peberfrugt

1 mellemstor løg, halveret og skåret i tynde skiver

Knip knust rød peber

2 spsk olivenolie

Salt

1 1/2 tsk tørret oregano, smuldret

2 spsk hakket frisk persille

1. Forbered peberfrugterne gennem trin 3, hvis det er nødvendigt. Dræn derefter peberfrugterne og skær dem på langs i 1/2-tommers strimler.

2. I en mellemstor stegepande koges løget med den knuste røde peber i olien ved middel varme, indtil løget er mørt og gyldent, cirka 10 minutter. Tilsæt peberfrugt, oregano og salt efter smag. Kog, under omrøring lejlighedsvis, indtil det er opvarmet, cirka 5 minutter. Tilsæt persillen og kog 1 minut mere. Serveres varm eller ved stuetemperatur.

Bagt peberfrugt med tomat

Pepperoni i ovnen

Giver 4 portioner

I denne opskrift fra Abruzzo giver en frisk, ikke for varm chili smag til peberfrugterne. Knust rød peber eller en lille tørret chili kan erstattes. Disse peberfrugter er gode på en sandwich.

2 store røde peberfrugter

2 store gule peberfrugter

1 chili, såsom en jalapeno, frøet og hakket

3 spsk olivenolie

Salt

2 hakkede fed hvidløg

2 mellemstore tomater, pillede, frøet og hakket

1. Sæt en rist i midten af ovnen. Forvarm ovnen til 400 ° F. Smør en stor bageplade. Læg peberfrugterne på et skærebræt. Hold stilken i den ene hånd, og placer kanten af en stor, tung kokkekniv lige ud over kanten af låget. Skære ned. Drej

peberfrugten 90° og skær den ned igen. Gentag, drej og skær de resterende to sider. Kassér hjertet, frøene og stilken, som vil være i ét stykke. Skær membranerne og skrab frøene ud.

2.Skær peberfrugterne på langs i 1-tommers strimler. Kom chilien i gryden. Tilsæt olie og salt efter smag og bland godt. Fordel peberfrugterne i gryden.

3.Bag peberfrugterne i 25 minutter. Tilsæt hvidløg og tomater og rør godt. Bag 20 minutter mere, eller indtil peberfrugterne er møre, når de gennembores med en kniv. Serveres varm.

Peberfrugt med balsamicoeddike

Balsamico Pepperoni

Giver 6 portioner

Balsamicoeddikens sødme komplementerer peberfrugtens sødme. Serveres varm med svine- eller lammekoteletter eller ved stuetemperatur med kold kylling eller flæskesteg.

6 store røde peberfrugter

¹1/4 kop olivenolie

Salt og friskkværnet sort peber

2 spsk balsamicoeddike

1. Sæt en rist i midten af ovnen. Forvarm ovnen til 400 ° F. Placer peberfrugterne på et skærebræt. Hold stilken i den ene hånd, og placer kanten af en stor, tung kokkekniv lige ud over kanten af låget. Skære ned. Drej peberfrugten 90° og skær den ned igen. Gentag, drej og skær de resterende to sider. Kassér hjertet, frøene og stilken, som vil være i ét stykke. Skær membranerne og skrab frøene ud.

2. Skær peberfrugterne i 1-tommers strimler. Læg dem i en stor, lav bradepande med olie, salt og peber. Bland godt. Bag peberfrugterne i 30 minutter.

3. Tilsæt eddike. Bag peberfrugterne 20 minutter mere eller indtil de er møre. Serveres varm eller ved stuetemperatur.

syltede peberfrugter

Pepperoni Sott'Aceto

Giver 2 pints

Farverige syltede peberfrugter er lækre på sandwich eller til pålæg. Disse kan bruges til at laveMolise Style Pebersauce.

2 store røde peberfrugter

2 store gule peberfrugter

Salt

2 kopper hvidvinseddike

2 kopper vand

Knip knust rød peber

1. Læg peberfrugterne på et skærebræt. Hold stilken i den ene hånd, og placer kanten af en stor, tung kokkekniv lige ud over kanten af låget. Skære ned. Drej peberfrugten 90° og skær den ned igen. Gentag, drej og skær de resterende to sider. Kassér hjertet, frøene og stilken, som vil være i ét stykke. Skær membranerne og skrab frøene ud. Skær peberfrugterne på langs

i 1-tommers strimler. Læg peberfrugterne i et dørslag på en tallerken og drys med salt. Lad stå 1 time til afdrypning.

2. Kombiner eddike, vand og knust rød peber i en ikke-reaktiv gryde. Bring det i kog. Fjern fra varmen og lad afkøle lidt.

3. Skyl peberfrugterne under koldt vand og dup dem tørre. Pak peberfrugterne i 2 steriliserede halvlitersglas. Hæld den afkølede eddikeblanding i og forsegl. Lad stå et køligt, mørkt sted i 1 uge før brug.

Peberfrugt med mandler

Pepperoni alle Mandorle

Giver 4 portioner

En gammel ven af min mor, hvis familie kom fra Ischia, en lille ø i Napoli-bugten, gav hende denne opskrift. Hun kunne godt lide at servere den til frokost på skiver italiensk brød stegt i olivenolie, indtil den var gyldenbrun.

2 røde og 2 gule peberfrugter

1 fed hvidløg, let knust

3 spsk olivenolie

2 mellemstore tomater, pillede, frøet og hakket

1/4 kop vand

2 spsk kapers

4 hakkede ansjosfileter

4 ounces ristede mandler, groft hakkede

1. Læg peberfrugterne på et skærebræt. Hold stilken i den ene hånd, og placer kanten af en stor, tung kokkekniv lige ud over kanten af låget. Skære ned. Drej peberfrugten 90° og skær den ned igen. Gentag, drej og skær de resterende to sider. Kassér hjertet, frøene og stilken, som vil være i ét stykke. Skær membranerne og skrab frøene ud.

2. I en stor stegepande koger du hvidløget med olien ved middel varme, og pres hvidløget en eller to gange med bagsiden af en ske. Så snart det er let brunet, ca. 4 minutter, kasseres hvidløget.

3. Tilsæt peberfrugterne i gryden. Kog under jævnlig omrøring, indtil det er blødt, cirka 15 minutter.

4. Tilsæt tomater og vand. Kog indtil saucen tykner, cirka 15 minutter mere.

5. Tilsæt kapers, ansjoser og mandler. Prøv saltet. Kog 2 minutter mere. Lad den køle lidt af inden servering.

Peberfrugt med tomat og løg

Peperonata

Giver 4 portioner

Hver region ser ud til at have sin version af peperonata. Nogle tilføjer kapers, oliven, urter eller ansjoser. Server dette som tilbehør eller som sauce til flæskesteg eller grillet fisk.

4 røde eller gule peberfrugter (eller en blanding)

2 mellemstore løg, skåret i tynde skiver

3 spsk olivenolie

3 store tomater, pillede, udsået og groft hakket

1 fed hvidløg finthakket

Salt

1. Læg peberfrugterne på et skærebræt. Hold stilken i den ene hånd, og placer kanten af en stor, tung kokkekniv lige ud over kanten af låget. Skære ned. Drej peberfrugten 90° og skær den ned igen. Gentag, drej og skær de resterende to sider. Kassér hjertet, frøene og stilken, som vil være i ét stykke. Skær membranerne og skrab frøene ud. Skær peberfrugt i 1/4-tommers strimler.

2. I en stor stegepande over medium varme, steg løgene i olivenolien, indtil de er møre og gyldne, cirka 10 minutter. Tilsæt peberstrimlerne og kog 10 minutter mere.

3. Tilsæt tomater, hvidløg og salt efter smag. Dæk og kog i 20 minutter, eller indtil peberfrugterne er møre, når de gennembores med en kniv. Hvis der er meget væske tilbage, afdæk og kog indtil saucen tykner og reducerer. Serveres varm eller ved stuetemperatur.

Fyldte peberfrugter

Pepperoni Ripieni

Gør 4 til 8 portioner

Min bedstemor lavede altid disse peberfrugter om sommeren. Jeg kogte dem i en stor sort stegepande om morgenen, og ved frokosttid havde de den helt rigtige temperatur til at servere med skiveskåret brød.

1 1/4 kop tørre, naturlige rasp lavet af italiensk eller fransk brød

1/3 kop friskrevet Pecorino Romano eller Parmigiano-Reggiano

1 1/4 kop hakket frisk persille

1 fed hvidløg finthakket

Salt og friskkværnet sort peber

Cirka 1/2 kop olivenolie

8 lange lysegrønne italienske peberfrugter til stegning

3 kopper skrællede, frøede og skåret friske tomater eller 1 (28-ounce) dåse knuste tomater

6 friske basilikumblade, skåret i stykker

1. Bland brødkrummer, ost, persille, hvidløg og salt og peber sammen i en skål. Tilsæt 3 spiseskefulde olie, eller nok til at fugte krummerne jævnt.

2. Skær toppen af peberfrugten og skrab kernerne ud. Hæld brødkrummeblandingen over peberfrugterne, og efterlad omkring 1-tommers headspace på toppen. Fyld ikke peberfrugterne for meget, ellers vil fyldet vælte ud, mens de koger.

3. I en stor stegepande opvarmes 1/4 kop olie over medium varme, indtil et stykke peber syder i gryden. Tilsæt forsigtigt peberfrugterne med en tang. Kog, vend lejlighedsvis med en tang, indtil de er gyldenbrune på alle sider, cirka 20 minutter.

4. Kom tomater, basilikum og salt og peber efter smag rundt om peberfrugterne. Bring det i kog. Dæk og kog, vend peberfrugterne en eller to gange, indtil de er meget møre, cirka 15 minutter. Hvis saucen er for tør tilsættes lidt vand. Afdæk og kog indtil saucen er tyk, ca. 5 minutter mere. Serveres lun eller ved stuetemperatur.

Fyldte peberfrugter i napolitansk stil

Pepperoni alla Nonna

Giver 6 portioner

Hvis sicilianerne har utallige måder at tilberede auberginer på, har napolitanerne den samme kreativitet med peberfrugter. Dette er en anden typisk napolitansk opskrift, som min bedstemor plejede at lave.

2 mellemstore auberginer (ca. 1 pund hver)

6 store røde, gule eller grønne peberfrugter, skåret i 1/2-tommers strimler

1/2 kop plus 3 spsk olivenolie

3 mellemstore tomater, skrællet, frøet og hakket

3/4 kop udstenede, udstenede, bløde oliehærdede sorte oliven, såsom Gaeta

6 ansjosfileter finthakket

3 spsk kapers, skyllet og drænet

1 stort fed hvidløg, pillet og finthakket

3 spsk hakket frisk persille

friskkværnet sort peber

½ kop plus 1 spsk brødkrummer

1. Trim auberginerne og skær dem i 3/4-tommers tern. Læg stykkerne i et dørslag, og drys hvert lag med salt. Sæt sien på en tallerken og lad den dryppe af i 1 time. Skyl auberginen og dup den tør med køkkenrulle.

2. I en stor stegepande opvarmes 1/2 kop af olien over medium varme. Tilsæt aubergine og kog under omrøring af og til, indtil de er møre, cirka 10 minutter.

3. Tilsæt tomater, oliven, ansjoser, kapers, hvidløg, persille og peber efter smag. Bring det i kog, og kog derefter yderligere 5 minutter. Tilsæt 1/2 kop brødkrummer og fjern fra varmen.

4. Sæt en rist i midten af ovnen. Forvarm ovnen til 450 ° F. Smør en bageplade, der er stor nok til at holde peberfrugterne oprejst.

5. Skær stilkene af peberfrugten og fjern kerner og hvide hinde. Fyld peberfrugterne med aubergineblandingen. Læg peberfrugterne i den forberedte stegepande. Drys med de resterende 1 spsk brødkrummer og dryp med de resterende 3 spsk olie.

6. Hæld 1 kop vand rundt om peberfrugterne. Bag 1 time og 15 minutter, eller indtil peberfrugterne er meget møre og let brunede. Serveres varm eller ved stuetemperatur.

Fyldte peberfrugter, Ada Boni Style

Pepperoni Ripieni alla Ada Boni

Gør 4 til 8 portioner

Ada Boni var en berømt italiensk madskribent og forfatter til adskillige kogebøger. Hans regionale italienske madlavning er en klassiker og en af de første bøger om emnet, der er oversat til engelsk. Denne opskrift er tilpasset fra Sicilien-kapitlet.

4 mellemrøde eller gule peberfrugter

1 kop ristet brødkrummer

4 spiseskefulde rosiner

1/2 kop udstenede, udstenede, bløde sorte oliven

6 hakkede ansjosfileter

2 spsk hakket frisk basilikum

2 spsk kapers, skyllet, drænet og hakket

¼ kop plus 2 spsk olivenolie

1 kopSiciliansk tomatsauce

1. Sæt en rist i midten af ovnen. Forvarm ovnen til 375 ° F. Smør en 13 × 9 × 2-tommers bageplade.

2. Brug en stor, tung kokkekniv til at skære peberfrugterne i halve på langs. Skær stilke, frø og hvide membraner af.

3. Kombiner brødkrummer, rosiner, oliven, ansjoser, basilikum, kapers og 1/4 kop olie i en stor skål. Smag til og juster krydringen. (Saltet er sandsynligvis unødvendigt.)

4. Hæld blandingen i peberfrugthalvdelene. Dæk med saucen. Bag 50 minutter, eller indtil peberfrugterne er meget møre, når de gennembores med en kniv. Serveres varm eller ved stuetemperatur.

Stegt peberfrugt

Pepperoni Fritti

Gør 6 til 8 portioner

Sprøde og søde, disse er svære at modstå. Server dem med en tortilla eller til et eventuelt kogt kød.

4 store røde eller gule peberfrugter

1/2 kop universalmel

Salt

1. Læg peberfrugterne på et skærebræt. Hold stilken i den ene hånd, og placer kanten af en stor, tung kokkekniv lige ud over kanten af låget. Skære ned. Drej peberfrugten 90° og skær den ned igen. Gentag, drej og skær de resterende to sider. Kassér hjertet, frøene og stilken, som vil være i ét stykke. Skær membranerne og skrab frøene ud. Skær peberfrugt i 1/4-tommers strimler.

2. Opvarm omkring 2 tommer olie i en dyb gryde, indtil temperaturen når 375 ° F på et friturtermometer.

3. Beklæd en bakke med køkkenrulle. Kom melet i en lav skål. Rul peberstrimlerne i melet, ryst eventuelt overskydende af.

4. Tilsæt peberstrimlerne til den varme olie lidt ad gangen. Steg til de er gyldne og møre, cirka 4 minutter. Afdryp på køkkenrulle. Steg resten i omgange, på samme måde. Drys med salt og server med det samme.

Sauterede peberfrugter med zucchini og mynte

Pepperoni og Zucchini i Padella

Giver 6 portioner

Jo længere den sidder, jo bedre smager den, så lav den tidligt på dagen for at servere den til et senere måltid.

1 rød peberfrugt

1 gul peberfrugt

2 spsk olivenolie

4 små zucchini, skåret i 1/4-tommers skiver

Salt

2 spsk hvidvinseddike

2 fed hvidløg, meget fint hakket

2 spsk hakket frisk mynte

1/2 tsk tørret oregano

Knip knust rød peber

1. Læg peberfrugterne på et skærebræt. Hold stilken i den ene hånd, og placer kanten af en stor, tung kokkekniv lige ud over kanten af låget. Skære ned. Drej peberfrugten 90° og skær den ned igen. Gentag, drej og skær de resterende to sider. Kassér hjertet, frøene og stilken, som vil være i ét stykke. Skær membranerne og skrab frøene ud. Skær peberfrugterne i 1-tommers strimler.

2. I en stor stegepande opvarmes olien over medium varme. Tilsæt peberfrugten og kog under omrøring i 10 minutter.

3. Tilsæt zucchini og salt efter smag. Kog under jævnlig omrøring, indtil zucchinien er møre, cirka 15 minutter.

4. Mens grøntsagerne koger, piskes eddike, hvidløg, urter, rød peber og salt sammen i en mellemstor skål.

5. Tilsæt peberfrugt og zucchini. Lad stå til grøntsagerne er ved stuetemperatur. Smag til og juster krydringen.

Brændt peber og aubergine terrine

Format af Pepperoni og Melanzane

Gør 8 til 12 portioner

Dette er en usædvanlig og smuk terrine af lagdelt peberfrugt, auberginer og aromaer. Pebersaften gelerer lidt efter afkøling og holder terrinen sammen. Server den som forret eller som tilbehør til grillet kød.

4 storerød peber, ristet og skrællet

2 store auberginer (ca. 1 1/2 pund hver)

Salt

Olivenolie

1 1/2 kop hakkede friske basilikumblade

4 store fed hvidløg, pillede, frøet og finthakket

1 1/4 kop rødvinseddike

friskkværnet sort peber

1. Forbered peberfrugterne evt. Skær auberginer og skær dem på langs i 1/4 tomme tykke skiver. Læg skiverne i et dørslag, og drys hvert lag med salt. Lad stå i mindst 30 minutter.

2. Forvarm ovnen til 450 ° F. Pensl to store gelatineforme med olie.

3. Skyl aubergineskiverne i koldt vand og dup dem tørre med køkkenrulle. Arranger auberginen i formene i et enkelt lag. Pensl med olie. Bag auberginen i cirka 10 minutter, til den er let gylden på toppen. Vend stykkerne med en tang og bag yderligere 10 minutter eller indtil de er møre og let brunede.

4. Dræn peberfrugterne og skær dem i 1-tommers strimler.

5. Beklæd en 8 × 4 × 3-tommers brødform med plastfolie. Læg et lag aubergineskiver i bunden af gryden, som overlapper lidt. Læg de ristede peberfrugter over auberginen. Drys lidt basilikum, hvidløg, eddike, olie og salt og peber efter smag. Fortsæt med at lægge lag, og tryk hvert lag fast, indtil alle ingredienser er brugt. Dæk med plastfolie og vej indholdet med en anden brødform fyldt med tunge dåse. Stil på køl i mindst 24 timer eller op til 3 dage.

6. Til servering afdækkes terrinen og vendes på en tallerken. Fjern forsigtigt plastfolien. Skær terrinen i tykke skiver. Serveres koldt eller ved stuetemperatur.

søde og sure kartofler

Kartoffel i Agrodolce

Gør 6 til 8 portioner

Dette er en kartoffelsalat i siciliansk stil, der skal serveres ved stuetemperatur med grillede spareribs, kylling eller pølse.

2 pund universalkartofler, såsom Yukon Gold

1 løg

2 spsk olivenolie

1 kop udstenede bløde sorte oliven, såsom Gaeta

2 spsk kapers

Salt og friskkværnet sort peber

2 spsk hvidvinseddike

2 spsk sukker

1.Skrub kartoflerne med en pensel under koldt rindende vand. Skræl dem, hvis du ønsker det. Skær kartoflerne i halve eller kvarte, hvis de er store. I en stor stegepande, steg løg i olie, indtil de er møre og gyldne, cirka 10 minutter.

2. Tilsæt kartofler, oliven, kapers og salt og peber efter smag. Tilsæt 1 kop vand og bring det i kog. Kog 15 minutter.

3. I en lille skål blandes eddike og sukker og tilsættes til gryden. Fortsæt med at koge indtil kartoflerne er møre, cirka 5 minutter. Fjern fra varmen og lad køle helt af. Server ved stuetemperatur.

Kartofler med balsamicoeddike

Patate al balsamico

Giver 6 portioner

Rødløg og balsamicoeddike giver disse kartofler smag. De er også gode ved stuetemperatur.

2 pund universalkartofler, såsom Yukon Gold

2 spsk olivenolie

1 stort rødløg, hakket

2 spsk vand

Salt og friskkværnet sort peber

2 spsk balsamicoeddike

1. Skrub kartoflerne med en pensel under koldt rindende vand. Skræl dem, hvis du ønsker det. Skær kartoflerne i halve eller kvarte, hvis de er store.

2. Varm olien op i en medium gryde ved middel varme. Tilsæt kartofler, løg, vand og salt og peber efter smag. Dæk panden til

og reducer varmen til lav. Kog 20 minutter eller indtil kartoflerne er møre.

3. Afdæk gryden og tilsæt eddike. Kog indtil det meste af væsken er fordampet, cirka 5 minutter. Serveres varm eller ved stuetemperatur.

Tunspyd med appelsin

Spiedini di Tonno

Giver 4 portioner

Hvert forår samles sicilianske fiskere til mattanza, slagtning af tun. Dette rituelle fiskemaraton involverer adskillige små både fyldt med mænd, der hyrder migrerende tun i en række mindre og mindre net, indtil de er fanget. De enorme fisk bliver derefter dræbt og bragt ombord på skibene. Processen er besværlig, og mens mændene arbejder, synger de særlige sange, som historikere stammer fra middelalderen eller endnu tidligere. Selvom denne praksis er ved at dø ud, er der stadig et par steder langs nord- og vestkysten, hvor mattanzaen finder sted.

Sicilianere har utallige måder at tilberede tun på. Med den var duften af grillet appelsin og urter forud for den fristende smag af fastkødede fiskestykker.

1 1/2 pund frisk tun, sværdfisk eller laksefileter (ca. 1 tomme tykke)

1 navleappelsin, skåret i 16 stykker

1 lille rødløg, skåret i 16 stykker

2 spsk olivenolie

2 spsk frisk citronsaft

1 spsk hakket frisk rosmarin

Salt og friskkværnet sort peber

6 til 8 laurbærblade

1. Skær tun i 1 1/2-tommer stykker. I en stor skål, smid tun-, appelsin- og rødløgsstykkerne med olivenolie, citronsaft, rosmarin og salt og peber efter smag.

2. Placer grillen eller grillen omkring 5 tommer fra varmekilden. Forvarm grill eller grill.

3. Tråd tun, appelsinstykker, løg og laurbærblade skiftevis på 8 spyd.

4. Grill eller steg, indtil tunen er gyldenbrun, cirka 3 til 4 minutter. Vend spyddene og kog indtil de er gyldenbrune på ydersiden, men stadig lyserøde i midten, ca. 2 minutter mere, eller indtil de er kogte efter smag. Serveres varm.

Grillet tun og peber, Molise Style

Tonno og Peperoni

Giver 4 portioner

Peberfrugt og chilipeber er et af kendetegnene ved madlavning i Molise-stil. Jeg lavede først denne ret med sgombri, som minder om makrel, men jeg laver den ofte med tun- eller sværdfiskbøffer.

4 røde eller gule peberfrugter

4 tunbøffer (hver ca. 3/4 tommer tyk)

2 spsk olivenolie

Salt og friskkværnet sort peber

1 spsk frisk citronsaft

2 spsk hakket frisk persille

1 lille jalapeno eller anden frisk chili, finthakket eller knust rød peberfrugt efter smag

1 fed hvidløg finthakket

1. Placer grillen eller slagtekyllingen omkring 5 tommer fra varmekilden. Forbered en mellemvarm ild på en grill eller forvarm slagtekyllingen.

2. Grill eller steg peberfrugterne, vend ofte, indtil skindet er blæret og let forkullet, cirka 15 minutter. Læg peberfrugterne i en skål og dæk med aluminiumsfolie eller husholdningsfilm.

3. Pensl tunbøffer med olie og salt og peber efter smag. Grill eller steg fisken, indtil den er brunet på den ene side, cirka 2 minutter. Vend fisken med en tang og steg indtil den er gylden på den anden side, men stadig lyserød i midten, ca. 2 minutter mere, eller indtil den er færdig efter smag. Test for færdighed ved at lave et lille snit i den tykkeste del af fisken.

4. Udkern, skræl og kerner peberfrugten. Skær peberfrugter i 1/2-tommers strimler og læg dem i en skål. Smag til med 2 spsk olie, citronsaft, persille, chili, hvidløg og salt efter smag. Bland forsigtigt.

5. Skær fisken i 1/2-tommers skiver. Læg skiverne lidt overlappende på et serveringsfad. Hæld peberfrugterne ovenpå. Serveres varm.

Grillet tun med citron og oregano

Tonno alla Griglia

Giver 4 portioner

Første gang jeg besøgte Sicilien, i 1970, var der ikke mange restauranter; dem, der fandtes, syntes alle at tjene den samme menu. Jeg spiste tun- eller sværdfiskbøffer tilberedt på denne måde til stort set hver frokost og aftensmad. Heldigvis var han altid godt forberedt. Sicilianerne skærer deres fiskefileter kun 1/2 tomme tykke, men jeg foretrækker dem 1 tomme tykke, så de ikke koger for let. Tun er bedst, fugtig og mør, når den koges, indtil midten er rød eller lyserød, mens sværdfisk skal være let lyserød. Fordi den har brusk, der skal blødgøres, kan hajen koges lidt længere.

4 tun-, sværdfisk- eller hajbøffer, cirka 1 tomme tykke

Olivenolie

Salt og friskkværnet sort peber

1 spsk friskpresset citronsaft

1/2 tsk tørret oregano

1. Placer en grill eller grill cirka 5 tommer fra varmekilden. Forvarm grill eller grill.

2. Pensl fileterne rigeligt med olie og tilsæt salt og peber efter smag.

3. Grill fisken, indtil den er let brunet på den ene side, 2 til 3 minutter. Vend fisken og steg, indtil den er let brunet, men stadig lyserød på indersiden, ca. 2 minutter mere, eller indtil den er færdig efter smag. Test for færdighed ved at lave et lille snit i den tykkeste del af fisken.

4. I en lille skål piskes 3 spsk olivenolie, citronsaft, oregano og salt og peber sammen efter smag. Hæld citronsaftblandingen over tunbøfferne og server med det samme.

Sprøde grillede tunbøffer

Tonno alla Griglia

Giver 4 portioner

Brødkrummerne laver en dejlig sprød belægning på disse fiskefileter.

4 tun- eller sværdfiskbøffer (1 tomme tykke)

¾ kop tørre brødkrummer

1 spsk hakket frisk persille

1 spsk hakket frisk mynte eller 1 tsk tørret oregano

Salt og friskkværnet sort peber

4 spiseskefulde olivenolie

Citronskiver

1. Forvarm grillen. Smør bradepanden. Bland brødkrummer, persille, mynte og salt og peber sammen i en skål. Tilsæt 3 spiseskefulde olie eller lige nok til at fugte krummerne.

2. Læg fiskefileterne i bradepanden. Fordel halvdelen af krummerne over fisken, klap dem ned.

3. Grill fileterne omkring 6 centimeter fra varmen i 3 minutter, eller indtil krummerne er gyldenbrune. Vend forsigtigt fileterne med en metalspatel og drys med resten af krummerne. Grill 2 til 3 minutter mere eller indtil den stadig er lyserød i midten, eller indtil den er færdig efter smag. Test for færdighed ved at lave et lille snit i den tykkeste del af fisken.

4. Dryp med den resterende spiseskefuld olie. Serveres varm, med citronbåde.

Grillet tun med rucola pesto

Tonno al Pesto

Giver 4 portioner

Den krydrede smag af rucola og den lyse smaragdgrønne farve af denne sauce er et perfekt supplement til frisk tun eller sværdfisk. Denne ret er også god ved kølig stuetemperatur.

4 tunbøffer, cirka 1 tomme tykke

Olivenolie

Salt og friskkværnet sort peber

rucola pesto

1 bundt rucola, vasket og opstammet (ca. 2 kopper let pakket)

1/2 kop let pakket frisk basilikum

2 fed hvidløg

1/2 kop olivenolie

Salt og friskkværnet sort peber

1. Gnid fisken med lidt olie og salt og peber efter smag. Dæk til og stil på køl indtil klar til at lave mad.

2. For at lave pestoen: Kombiner rucola, basilikum og hvidløg i en foodprocessor, og forarbejd det, indtil det er finthakket. Tilsæt langsomt olien og bearbejd indtil glat. Tilsæt salt og peber efter smag. Dæk til og lad stå 1 time ved stuetemperatur.

3. I en stor nonstick-gryde opvarmes 1 spsk af olien over medium varme. Tilsæt tunskiverne og steg 2 til 3 minutter på hver side eller indtil de er gyldne på ydersiden, men stadig lyserøde i midten, eller indtil de er kogte efter smag. Test for færdighed ved at lave et lille snit i den tykkeste del af fisken.

4. Server tunen lun eller ved stuetemperatur, overhældt med rucolapesto.

Tun og Cannellini bønnegryderet

Tonno komfur

Giver 4 portioner

Om vinteren har jeg en tendens til at tilberede mere kød end fisk og skaldyr, fordi kød virker mere tilfredsstillende, når det er koldt. Undtagelsen er denne gryderet lavet med bønner og friske, kødfulde tunbøffer. Den har alle de ribbenfaste egenskaber og den gode smag af en bønnegryderet, men uden kødet, hvilket gør den perfekt til folk, der foretrækker kødfrie måltider.

2 spsk olivenolie

1 1/2 pund frisk tun (1-tommer tyk), skåret i 1 1/2-tommers stykker

Salt og friskkværnet sort peber efter smag.

1 stor rød eller grøn peberfrugt, skåret i små stykker

1 kop flåede tomater på dåse, drænet og hakket

1 stort fed hvidløg, finthakket

6 friske basilikumblade, skåret i stykker

1 (16 ounce) dåse cannellini bønner, skyllet og drænet, eller 2 kopper kogte tørre bønner

1. Varm olien op i en stor gryde ved middel varme. Dup tunstykkerne tørre med køkkenrulle. Når olien er varm tilsættes tunstykkerne uden at fylde panden. Kog indtil stykkerne er let brunede på ydersiden, cirka 6 minutter. Overfør tunen til en tallerken. Drys med salt og peber.

2. Tilsæt peberfrugten til gryden og kog under omrøring af og til, indtil den lige begynder at brune, cirka 10 minutter. Tilsæt tomat, hvidløg, basilikum, salt og peber. Bring det i kog. Tilsæt bønner, læg låg på og reducer varmen til lav. Kog i 10 minutter.

3. Tilsæt tun og kog indtil tunen er let rosa i midten, ca. 2 minutter mere, eller indtil den er færdig efter smag. Test for færdighed ved at lave et lille snit i den tykkeste del af fisken. Serveres varm.

siciliansk sværdfisk med løg

Fisk Spada og Sfinciuni

Giver 4 portioner

Sicilianske kokke tilbereder en lækker pizza kaldet sfinciuni, et ord afledt af den arabiske betydning "let" eller "luftig". Pizzaen har en tyk, men let skorpe og er toppet med løg, ansjoser og tomatsauce. Denne traditionelle sværdfisk-opskrift er afledt af den pizza.

3 spsk olivenolie

1 mellemstor løg, skåret i tynde skiver

4 hakkede ansjosfileter

1 kop skrællede, frøede og skåret friske tomater eller dåsetomater, drænet og skåret i tern

En knivspids tørret oregano, smuldret

Salt og friskkværnet sort peber efter smag.

4 sværdfiskefileter, cirka 3/4 tomme tykke

2 spsk tørre brødkrummer

1. Hæld 2 spiseskefulde olie i en mellemstor stegepande. Tilsæt løget og steg indtil det er blødt, cirka 5 minutter. Tilsæt ansjoser og kog 5 minutter mere eller indtil de er meget møre. Tilsæt tomater, oregano, salt og peber og lad det simre i 10 minutter.

2. Sæt en rist i midten af ovnen. Forvarm ovnen til 350 ° F. Smør en bageplade, der er stor nok til at holde fisken i et enkelt lag.

3. Tør sværdfiskefileterne. Læg dem i den forberedte gryde. Drys med salt og peber. Hæld saucen med en ske. Bland brødkrummerne med den resterende spiseskefuld olie. Fordel krummerne over saucen.

4. Bages i 10 minutter, eller indtil fisken er let rosa i midten. Test for færdighed ved at lave et lille snit i den tykkeste del af fisken. Serveres varm.

venetianske kartofler

Patate alla Veneziana

Giver 4 portioner

Selvom jeg bruger Yukon guldkartofler til de fleste måltider, er der mange andre gode varianter tilgængelige, især på landmændsmarkeder, og de tilføjer variation til kartoffelretter. Finske gule kartofler er gode til stegning og bagning, og russiske røde er gode i salater. Selvom de ser mærkelige ud, kan blå kartofler også være meget gode.

1 1/4 pund universalkartofler, såsom Yukon Gold

2 spsk usaltet smør

1 spsk olivenolie

1 mellemstor løg hakket

Salt og friskkværnet sort peber

2 spsk hakket frisk persille

1. Skrub kartoflerne med en pensel under koldt rindende vand. Skræl dem, hvis du ønsker det. Skær kartoflerne i halve eller kvarte, hvis de er store. I en stor stegepande smeltes smørret

med olien over medium varme. Tilsæt løget og steg indtil det er blødt, cirka 5 minutter.

2. Tilsæt kartoflerne samt salt og peber efter smag. Dæk panden til og kog under omrøring af og til i cirka 20 minutter, eller indtil kartoflerne er møre.

3. Tilsæt persillen og rør godt rundt. Serveres varm.

"Sauterede" kartofler

hoppe spark

Giver 4 portioner

Når du bestiller pommes frites på en italiensk restaurant, er dette, hvad du får. Kartoflerne bliver let sprøde udenpå og bløde og cremede indeni. De kaldes "hoppede" kartofler, fordi de ofte skal røres eller smides i gryden.

1 1/4 pund universalkartofler, såsom Yukon Gold

1/4 kop olivenolie

Salt og friskkværnet sort peber

1. Skrub kartoflerne med en pensel under koldt rindende vand. Skræl kartofler. Skær dem i 1-tommers stykker.

2. Hæld olie i en 9-tommer stegepande. Sæt stegepanden over medium-høj varme, indtil olien er meget varm og et stykke kartoffel syder, når den tilsættes.

3. Tør kartoflerne godt med køkkenrulle. Tilsæt kartoflerne i den varme olie og kog i 2 minutter. Vend kartoflerne og kog i yderligere 2 minutter. Fortsæt med at lave mad, og vend

kartoflerne hvert 2. minut eller indtil de er let brunede på alle sider, cirka 10 minutter i alt.

4.Tilsæt salt og peber efter smag. Dæk gryden til og kog, vend lejlighedsvis, indtil kartoflerne er møre, når de gennembores med en kniv, cirka 5 minutter. Server straks.

Variation: Hvidløg og urtekartofler: I trin 4 tilsættes 2 fed hvidløg, hakket, og en spiseskefuld hakket frisk rosmarin eller salvie.

Sauterede kartofler og peberfrugt

Patate og Pepperoni i Padella

Giver 6 portioner

Peberfrugt, hvidløg og røde peberfrugter tilføjer smag til denne velsmagende røre.

1 1/4 pund universalkartofler, såsom Yukon Gold

4 spiseskefulde olivenolie

2 store røde eller gule peberfrugter, skåret i 1-tommers stykker

Salt

1/4 kop hakket frisk persille

2 store fed hvidløg

Knip knust rød peber

1. Skrub kartoflerne med en pensel under koldt rindende vand. Skræl kartoflerne og skær dem i 1-tommers stykker.
2. I en stor stegepande opvarmes 2 spsk af olien over medium varme. Tør kartoflerne godt med køkkenrulle og læg dem i

gryden. Kog, omrør kartoflerne af og til, indtil de lige begynder at brune, cirka 10 minutter. Drys med salt. Dæk gryden til og kog i 10 minutter.

3. Mens kartoflerne koger, opvarmes de resterende 2 spsk olie i en separat stegepande over medium varme. Tilsæt peberfrugt og salt efter smag. Kog under omrøring af og til, indtil peberfrugterne er næsten møre, cirka 10 minutter.

4. Rør kartoflerne i, og tilsæt derefter peberfrugterne. Tilsæt persille, hvidløg og knust rød peber. Kog til kartoflerne er møre, cirka 5 minutter. Serveres varm.

Kartoffelmos med persille og hvidløg

Patate Schiacciate all'Aglio e Prezzemolo

Giver 4 portioner

Kartoffelmosen får en italiensk behandling med persille, hvidløg og olivenolie. Hvis du kan lide dine kartofler krydrede, så tilsæt et stort nip knust rød peber.

1 1/4 pund universalkartofler, såsom Yukon Gold

Salt

1/4 kop olivenolie

1 stort fed hvidløg, finthakket

1 spsk hakket frisk persille

friskkværnet sort peber

1. Skrub kartoflerne med en pensel under koldt rindende vand. Skræl kartoflerne og skær dem i kvarte. Læg kartoflerne i en mellemstor gryde med koldt vand til dækning og salt efter smag. Dæk til og bring det i kog. Kog dem i 15 minutter, eller indtil kartoflerne er møre, når de gennembores med en kniv. Dræn kartoflerne, gem lidt vand.

2. Tør gryden, hvori kartoflerne blev kogt. Tilsæt 2 spsk olie og hvidløg og steg ved middel varme, indtil hvidløget dufter, cirka 1 minut. Tilsæt kartofler og persille i gryden. Mos kartoflerne med en moser eller gaffel, rør godt rundt for at blande dem med hvidløg og persille. Tilsæt den resterende olie, salt og peber efter smag. Tilsæt evt lidt af kogevandet. Server straks.

Variation: Oliven Kartoffelmos: Tilsæt 2 spsk hakkede sorte eller grønne oliven lige før servering.

Nye kartofler med krydderurter og bacon

Patatine alle Erbe Aromatiche

Giver 4 portioner

Nye kartofler er lækre tilberedt på denne måde. (Nye kartofler er ikke en sort. Enhver frisk opgravet kartoffel med tyndt skind kan kaldes en ny kartoffel.) Brug en kartoffel til alle formål, hvis nye kartofler ikke er tilgængelige.

1 1/4 pund små nye kartofler

2 ounce bacon i skiver, skåret i tern

1 mellemstor løg hakket

2 spsk olivenolie

1 fed hvidløg finthakket

6 friske basilikumblade, skåret i stykker

1 tsk hakket frisk rosmarin

1 laurbærblad

Salt og friskkværnet sort peber

1. Skrub kartoflerne med en pensel under koldt rindende vand. Skræl dem, hvis du ønsker det. Skær kartoflerne i 1-tommers stykker.

2. Kombiner pancetta, løg og olivenolie i en stor stegepande. Kog over medium varme, indtil det er blødt, cirka 5 minutter.

3. Tilsæt kartoflerne og kog under omrøring af og til i 10 minutter.

4. Tilsæt hvidløg, basilikum, rosmarin, laurbærblad samt salt og peber efter smag. Dæk gryden til og kog i yderligere 20 minutter, under omrøring af og til, indtil kartoflerne er møre, når de gennembores med en gaffel. Tilsæt lidt vand, hvis kartoflerne begynder at brune for hurtigt.

5. Fjern laurbærbladet og server varmt.

Kartofler med tomat og løg

Patate alla Pizzaiola

Gør 6 til 8 portioner.

Bagte kartofler med pizzasmag er typiske i Napoli og andre dele af Syden.

2 pund universalkartofler, såsom Yukon Gold

2 store tomater, pillede, udsået og hakket

2 mellemstore løg, skåret i skiver

1 fed hvidløg finthakket

1/2 tsk tørret oregano

1/4 kop olivenolie

Salt og friskkværnet sort peber

1. Forvarm ovnen til 450 ° F. Skrub kartoflerne med en pensel under koldt rindende vand. Skræl dem, hvis du ønsker det. Skær kartoflerne i 1-tommers stykker. På en bageplade, der er stor nok til at holde ingredienserne i et enkelt lag, blandes kartofler,

tomater, løg, hvidløg, oregano, olie og salt og peber sammen efter smag. Fordel ingredienserne jævnt i gryden.

2. Sæt en rist i midten af ovnen. Grill grøntsager under omrøring 2-3 gange i 1 time eller indtil kartoflerne er gennemstegte. Serveres varm.

Brændte kartofler med hvidløg og rosmarin

Arrosto kartoffel

Giver 4 portioner

Jeg kan aldrig få nok af disse sprøde brune kartofler. Ingen kan modstå dem. Tricket til at lave dem er at bruge en gryde, der er stor nok, så kartoffelstykkerne lige knap rører hinanden og ikke stables oven på hinanden. Hvis din bradepande ikke er stor nok, skal du bruge en 15 x 10 x 1-tommer gelémuffinpande eller to mindre pander.

2 pund universalkartofler, såsom Yukon Gold

1 1/4 kop olivenolie

1 spsk hakket frisk rosmarin

Salt og friskkværnet sort peber

2 fed hvidløg finthakkede

1. Sæt en rist i midten af ovnen. Forvarm ovnen til 400 ° F. Skrub kartofler med en pensel under koldt rindende vand. Skræl dem, hvis du ønsker det. Skær kartoflerne i 1-tommers stykker. Tør kartoflerne med køkkenrulle. Anret dem i en bradepande, der er

stor nok til at holde kartoflerne i et enkelt lag. Dryp med olie og vend med rosmarin og salt og peber efter smag. Fordel kartoflerne jævnt.

2. Grill kartoflerne under omrøring hvert 15. minut i 45 minutter. Tilsæt hvidløg og steg yderligere 15 minutter eller indtil kartoflerne er møre. Serveres varm.

Brændte kartofler med svampe

Patate og Funghi al Ovn

Giver 6 portioner

Kartoflerne opfanger nogle af aromaerne af svampe og hvidløg, mens de steges i samme gryde.

1 1/2 pund universalkartofler, såsom Yukon Gold

1 pund svampe, enhver slags, halveret eller i kvarte, hvis de er store

1 1/4 kop olivenolie

2 til 3 fed hvidløg, skåret i tynde skiver

Salt og friskkværnet sort peber

2 spsk hakket frisk persille

1. Sæt en rist i midten af ovnen. Forvarm ovnen til 400 ° F. Skrub kartofler med en pensel under koldt rindende vand. Skræl dem, hvis du ønsker det. Skær kartoflerne i 1-tommers stykker. Læg kartoflerne og svampene i et stort ovnfast fad. Vend grøntsagerne med olie, hvidløg og et godt nip salt og peber.

2.Grill grøntsagerne i 15 minutter. Smid dem godt. Bag yderligere 30 minutter under omrøring af og til, eller indtil kartoflerne er møre. Drys med hakket persille og server varm.

Kartofler og blomkål, Basilicata Style

Patate og Cavolfiore al Ovn

Gør 4 til 6

Smid en stegepande med kartofler og blomkål i ovnen sammen med noget flæskesteg eller kylling til en god søndagsmiddag. Grøntsagerne skal være sprøde og gyldne rundt om kanterne, og deres smag skal forstærkes af duften af oregano.

1 lille blomkål

1/4 kop olivenolie

3 mellemstore kartofler til alle formål, såsom Yukon guld i kvarte

1/2 tsk tørret oregano, smuldret

Salt og friskkværnet sort peber

1. Skær blomkål i 2-tommers buketter. Trim enderne af stilkene. Skær tykke stilke på kryds og tværs i 1/4-tommers skiver.

2. Sæt en rist i midten af ovnen. Forvarm ovnen til 400 ° F. Hæld olie i en 13 × 9 × 2-tommer bradepande. Tilsæt grøntsagerne og

rør godt rundt. Drys med oregano og salt og peber efter smag. Bland igen.

3.Bag i 45 minutter eller indtil grøntsagerne er møre og gyldne. Serveres varm.

Kartofler og kål i gryden

Patate e Cavolo i Tegame

Gør 4 til 6 portioner

Versioner af denne ret findes i hele Italien. I Friuli tilsættes den røgede pancetta i gryden med løget. Jeg kan godt lide denne enkle version af Basilicata. Løgets lyserøde komplementerer de cremede hvide kartofler og grønkål. Kartoflerne bliver så grødede, at de ligner kartoffelmos, når kålen er mør.

3 spsk olivenolie

1 mellemstor rødløg, hakket

1/2 hoved af mellemstor kål, skåret i tynde skiver (ca. 4 kopper)

3 mellemstore all-purpose kartofler, såsom Yukon Gold, skrællet og skåret i små stykker

1/2 kop vand

Salt og friskkværnet sort peber

1. Hæld olien i en stor stegepande. Tilsæt løg og kog over medium varme, omrør ofte, indtil det er blødt, cirka 5 minutter.

2.Tilsæt kål, kartofler, vand og salt og peber efter smag. Dæk til og kog under omrøring af og til i 30 minutter, eller indtil grøntsagerne er møre. Tilsæt lidt mere vand, hvis grøntsagerne begynder at hænge sammen. Serveres varm.

Kartoffel- og spinattærte

Torta di Patate e Spinaci

Giver 8 portioner

Da jeg spiste denne lagdelte grøntsagskage i Rom, blev den lavet med radicchio i stedet for spinat. Roman radicchio ligner en ung mælkebøtte eller moden rucola. Spinat er en god erstatning for radicchio. For den bedste smag skal du sørge for at lade denne ret køle lidt af før servering.

2 pund universalkartofler, såsom Yukon Gold

Salt

4 spsk usaltet smør

1 lille løg, meget fint hakket

1 1/2 pund spinat, radicchio, mælkebøtte eller mangold, trimmet

1 1/2 kop vand

1 1/2 kop varm mælk

1 kop friskrevet Parmigiano-Reggiano

friskkværnet sort peber

1 spsk brødkrummer

1. Skrub kartoflerne med en pensel under koldt rindende vand. Skræl kartoflerne og læg dem i en mellemstor gryde med koldt vand til at dække. Tilsæt salt og dæk gryden til. Bring det i kog og kog i cirka 20 minutter, eller indtil kartoflerne er møre.

2. I en lille stegepande smeltes 2 spsk af smørret over medium varme. Tilsæt løget og steg under jævnlig omrøring, indtil løget er mørt og gyldent.

3. Kom spinaten i en stor gryde med 1/2 kop vand og salt efter smag. Dæk til og kog indtil de er møre, cirka 5 minutter. Dræn godt af og pres overskydende væske ud. Hak spinaten på et bræt.

4. Kom spinaten i gryden og rør den i sammen med løget.

5. Når kartoflerne er møre, drænes og moses, til de er glatte. Tilsæt de resterende 2 spsk smør og mælken. Tilsæt 3/4 kop ost og bland godt. Smag til med salt og peber.

6. Sæt en rist i midten af ovnen. Forvarm ovnen til 375°F.

7. Smør generøst en 9-tommers bradepande. Fordel halvdelen af kartoflerne på tallerkenen. Lav et andet lag af al spinaten. Top

med de resterende kartofler. Drys med den resterende 1/4 kop ost og rasp.

8. Bages i 45 til 50 minutter, eller indtil toppen er gylden. Lad stå 15 minutter før servering.

Napolitanske kartoffelkroketter

Panzerotti eller Crocche

omkring 24 år siden

I Napoli har pizzeriaer sat fortovsstandere op for at sælge disse smagfulde kartoffelmos i en sprød brødkrummejakke, hvilket gør det nemt for forbipasserende at spise dem til frokost eller en snack. Dette er dog min bedstemors opskrift. Vi spiste hash browns til højtider og festlige lejligheder hele året rundt, normalt som en side til roastbeef.

2 1/2 pund universalkartofler, såsom Yukon Gold

3 store æg

1 kop friskrevet Pecorino Romano eller Parmigiano-Reggiano

2 spsk hakket frisk persille

1/4 kop finthakket salami (ca. 2 ounces)

Salt og friskkværnet sort peber

2 kopper tørre brødkrummer

Vegetabilsk olie til stegning

1. Skrub kartoflerne med en pensel under koldt rindende vand. Læg kartoflerne i en stor gryde med koldt vand til at dække. Dæk gryden til og bring vandet i kog. Kog over medium varme, indtil kartoflerne er møre, når de gennembores med en gaffel, cirka 20 minutter. Dræn kartoflerne og lad dem køle lidt af. Skræl kartofler. Læg dem i en stor skål og mos med en moser eller gaffel, til de er glatte.

2. Adskil æggene, kom blommerne i en lille skål og gem hviderne på en flad tallerken. Fordel brødkrummerne på et stykke vokspapir.

3. Tilsæt æggeblommer, ost, persille og salami til kartoffelmosen. Tilsæt salt og peber efter smag.

4. Med cirka 1/4 kop af kartoffelblandingen, danner du en pølse, der er cirka 1 tomme bred og 2 1/2 tomme lang. Gentag med de resterende kartofler.

5. Pisk hviderne med et piskeris eller en gaffel, til de er skummende. Dyp kartoffelbådene i hviderne, rul dem derefter i krummerne, og dæk dem helt. Læg stokkene på en rist og lad dem tørre i 15 til 30 minutter.

6. Hæld omkring 1/2-tommer olie i en stor, tung stegepande. Varm op ved middel varme, indtil en smule af æggehviden syder, mens

den hældes i olien. Læg forsigtigt nogle af kævlerne i gryden, så der er lidt mellemrum mellem dem. Steg, vend af og til med en tang, indtil de er jævnt brunet, cirka 10 minutter. Overfør de brunede kroketter til køkkenrulle til afdrypning.

7.Server straks eller hold kroketterne varme i en lav ovn, mens du steger resten.

Fars napolitanske kartoffeltærte

Gatto'

Gør 6 til 8 portioner

Gatto' kommer fra det franske gateau, som betyder "tærte". Afledningen får mig til at tro, at denne opskrift blev gjort populær af fransk-uddannede monzu, kokke, der lavede mad til aristokrater ved hoffet i Napoli.

I vores hus kaldte vi det kartoffelkage, og hvis vi ikke havde kartoffelkroketter til vores søndagsmiddag, ville vi have denne kartoffelret, som var min fars speciale.

2 1/2 pund universalkartofler, såsom Yukon Gold

Salt

1/4 kop tørre brødkrummer

4 spsk (1/2 stav) usaltet smør, blødgjort

1 kop varm mælk

1 kop plus 2 spsk friskrevet Parmigiano-Reggiano

1 stort æg, pisket

¼ tsk frisk revet muskatnød

Salt og friskkværnet sort peber

8 ounce frisk mozzarella, hakket

4 ounce importeret italiensk salami eller prosciutto, hakket

1. Skrub kartoflerne med en pensel under koldt rindende vand. Læg kartoflerne i en stor gryde med koldt vand til at dække. Tilsæt salt efter smag. Dæk gryden til og bring vandet i kog. Kog over medium varme, indtil kartoflerne er møre, når de gennembores med en gaffel, cirka 20 minutter. Dræn og lad afkøle lidt.

2. Sæt en rist i midten af ovnen. Forvarm ovnen til 400 ° F. Smør en 2-quart bageform. Drys med brødkrummerne.

3. Skræl kartoflerne, kom dem i en stor skål og mos med en moser eller gaffel, til de er glatte. Tilsæt 3 spsk smør, mælk, 1 kop Parmigiano, æg, muskatnød og salt og peber efter smag. Tilsæt mozzarella og salami.

4. Fordel blandingen jævnt i det tilberedte fad. Drys med den resterende Parmigiano. Prik med de resterende 1 spsk smør.

5. Bag 35 til 45 minutter eller indtil toppen er gylden. Lad stå kort ved stuetemperatur inden servering.

stegte tomater

Pomodori i Padella

Gør 6 til 8 portioner

Server dem som tilbehør til grillet eller stegt kød, eller ved stuetemperatur, strimlet på ristet brød som forret.

8 blommetomater

1/4 kop olivenolie

2 fed hvidløg finthakkede

2 spsk hakket frisk basilikum

Salt og friskkværnet sort peber

1. Skyl tomaterne og tør dem. Brug en lille kniv til at skære rundt om stilken på hver tomat og fjerne den. Skær tomaterne i halve på langs.

2. I en stor stegepande opvarmes olien med hvidløg og basilikum ved middel varme. Tilføj tomathalvdelene med snitsiden nedad. Drys med salt og peber. Kog indtil tomaterne er gyldne og møre, cirka 10 minutter. Serveres varm eller ved stuetemperatur.

dampede tomater

Dampet Pomodori

Giver 4 portioner

Her bliver de små søde tomater kogt i deres egen saft. Server dem som tilbehør til kød eller fisk, eller læg dem oven på en frittata. Hvis tomaterne ikke er søde nok, tilsæt en knivspids sukker, mens de koger.

1 pint cherry- eller vindruetomater

2 spsk ekstra jomfru olivenolie

Salt

6 basilikumblade, stablet og skåret i smalle strimler

1. Skyl tomaterne og tør dem. Skær dem i halve gennem stilken. Kombiner tomater, olie og salt i en lille gryde. Dæk gryden til og sæt på lav varme. Kog i 10 minutter, eller indtil tomaterne er bløde, men holder formen.

2. Tilsæt basilikum. Serveres varm eller ved stuetemperatur.

bagte tomater

Pomodori al Forno

Giver 8 portioner

En brødkrummebelægning krydrer disse tomater. De er gode til grillet fisk og de fleste æggeretter.

8 blommetomater

1 kop brødkrummer

4 ansjosfileter, finthakket

2 spsk kapers, skyllet og afdryppet

1 1/2 kop friskrevet Pecorino Romano

1 1/2 tsk tørret oregano

3 spsk olivenolie

Salt og friskkværnet sort peber

1. Skyl og tør tomaterne. Skær tomaterne i halve på langs. Brug en lille ske til at øse frøene i en finmasket si over en skål for at opsamle saften. Rist brødkrummerne i en stor stegepande over medium varme, omrør ofte, indtil duftende, ikke brunet, cirka 5 minutter. Fjern fra varmen og lad afkøle lidt.

2. Sæt en rist i midten af ovnen. Forvarm ovnen til 400 ° F. Smør en stor bageplade. Læg tomatskallerne med snitsiden opad i gryden.

3. Tilsæt brødkrummer, ansjoser, kapers, ost, oregano og salt og peber i skålen med tomatsaften. Tilsæt 2 spsk olivenolie. Fyld blandingen med tomatskræller. Dryp med den resterende spiseskefuld olie.

4. Bag 40 minutter, eller indtil tomaterne er møre og krummerne er gyldenbrune. Serveres varm.

Farro fyldte tomater

Pomodori Ripieni

Giver 4 portioner

Farro, et gammelt korn, der er populært i Italien, er et fremragende fyld til tomater, når det blandes med ost og løg. Jeg havde sådan noget på L'Angolo Divino, en vinbar i Rom.

1 kop semi-perle farro (eller bulgur eller hvedebærerstatning)

Salt

4 store runde tomater

1 lille løg finthakket

2 spsk olivenolie

¼ kop revet Pecorino Romano eller Parmigiano-Reggiano

friskkværnet sort peber

1. I en mellemstor gryde bringes 4 kopper vand i kog. Tilsæt farro og salt efter smag. Kog indtil farro er mør, men stadig sej, cirka 30 minutter. Dræn farroen og læg den i en skål.

2. I en lille gryde koges løget i olien ved middel varme, indtil det er gyldenbrunt, cirka 10 minutter.

3. Sæt en rist i midten af ovnen. Forvarm ovnen til 350 ° F. Smør en lille bageplade, der er stor nok til at holde tomaterne.

4. Skyl og tør tomaterne. Skær en 1/2 tomme tyk skive fra toppen af hver tomat og stil til side. Brug en lille ske til at tage det indre af tomaterne ud og læg frugtkødet i en finmasket si over en skål. Læg tomatskallerne i bageformen.

5. Til skålen med farroen tilsættes den siede tomatvæske, sauterede løg, ost og salt og peber efter smag. Hæld blandingen i tomatskallerne. Dæk tomaterne med de reserverede toppe.

6. Bag 20 minutter eller indtil tomaterne er møre. Serveres varm eller ved stuetemperatur.

romerske fyldte tomater

Pomodori Ripieni alla Romana

Giver 6 portioner

Dette er en klassisk romersk ret, der normalt spises ved stuetemperatur som første ret.

3 1/4 kop mellemkornet ris, såsom Arborio, Carnaroli eller Vialone Nano

Salt

6 store runde tomater

4 spiseskefulde olivenolie

3 ansjosfileter, finthakket

1 lille fed hvidløg, finthakket

1 1/4 kop hakket frisk basilikum

1/4 kop friskrevet Parmigiano-Reggiano

1. Bring 1 liter vand i kog ved høj varme. Tilsæt risene og 1 tsk salt. Reducer varmen til lav og lad det simre i 10 minutter, eller indtil

risene er delvist kogte, men stadig meget faste. Dræn godt af. Kom risene i en stor skål.

2.Sæt en rist i midten af ovnen. Forvarm ovnen til 350 ° F. Smør en bageplade, der er stor nok til at holde tomaterne.

3.Skær en 1/2-tommer skive fra toppen af tomaterne og reserver. Brug en lille ske til at tage det indre af tomaterne ud og læg frugtkødet i en finmasket si over en skål. Læg tomatskallerne i gryden.

4.Til skålen med risene, tilsæt den siede tomatvæske og olie, ansjoser, hvidløg, basilikum, ost og salt efter smag. Rør grundigt. Hæld blandingen i tomatskallerne. Dæk tomaterne med de reserverede toppe.

5.Bag 20 minutter eller indtil risene er møre. Serveres varm eller ved stuetemperatur.

Ristede tomater med balsamicoeddike

Balsamico Pomodori

Giver 6 portioner

Balsamicoeddike har en næsten magisk måde at forstærke smagen af grøntsager på. Prøv denne enkle ret og server den som forret eller til kød.

8 blommetomater

2 spsk olivenolie

1 spsk balsamicoeddike

Salt og friskkværnet sort peber

1. Sæt en rist i midten af ovnen. Forvarm ovnen til 375 ° F. Smør en bradepande, der er stor nok til at holde tomaterne i et enkelt lag.

2. Skyl tomaterne og tør dem. Skær tomaterne i halve på langs. Skrab tomatkernerne ud. Læg tomathalvdelene med de afskårne sider opad i gryden. Dryp med olie og eddike og drys med salt og peber.

3.Bag tomaterne i 45 minutter eller indtil de er møre. Server ved stuetemperatur.

zucchini carpaccio

Carpaccio i Giallo e Verde

Giver 4 portioner

Jeg spiste først en enklere version af denne forfriskende salat hjemme hos nogle vinmagervenner i Toscana. Gennem årene har jeg pyntet den ved at bruge en kombination af gul og grøn zucchini og tilføje frisk mynte.

2-3 små zucchini, gerne en blanding af gul og grøn

3 spsk frisk citronsaft

⅓ kop ekstra jomfru olivenolie

Salt og friskkværnet sort peber

2 spsk finthakket frisk mynte

Omkring 2 ounce Parmigiano-Reggiano, i 1 stykke

1. Skrub zucchinien med en pensel under koldt rindende vand. Trim enderne.

2. Skær zucchini i meget tynde skiver i en foodprocessor eller mandolinskærer. Læg skiverne i en mellemstor skål.

3. I en lille skål piskes citronsaft, olivenolie og salt og peber sammen efter smag, indtil det er blandet. Tilsæt mynten. Drys med zucchini og bland godt. Fordel skiverne i et lavt fad.

4. Brug en grøntsagsskræller til at barbere Parmigianoen i tynde skiver. Fordel skiverne over zucchinien. Server straks.

www.ingramcontent.com/pod-product-compliance
Lightning Source LLC
Chambersburg PA
CBHW050353120526
44590CB00015B/1678